智库报告

法治安徽建设

年度报告（2022—2023）

安徽师范大学法治中国建设研究院◎编

安徽师范大学出版社
ANHUI NORMAL UNIVERSITY PRESS
·芜湖·

图书在版编目(CIP)数据

法治安徽建设年度报告. 2022—2023 / 安徽师范大学法治中国建设研究院编.—芜湖：安徽师范大学出版社，2025.7 -- ISBN 978-7-5676-7145-4

Ⅰ. D927.54

中国国家版本馆CIP数据核字第2025JU3135号

法治安徽建设年度报告(2022—2023)

安徽师范大学法治中国建设研究院 编

责任编辑：胡志立

装帧设计：张　玲　汤彬彬

责任印制：桑国磊

出版发行：安徽师范大学出版社

芜湖市北京中路2号安徽师范大学赭山校区

网　　址：https://press.ahnu.edu.cn

发 行 部：0553-3883578　5910327　5910310(传真)

印　　刷：安徽新华印刷股份有限公司

版　　次：2025年7月第1版

印　　次：2025年7月第1次印刷

规　　格：700 mm × 1000 mm　1/16

印　　张：11.5

字　　数：130千字

书　　号：978-7-5676-7145-4

定　　价：49.80元

凡发现图书有质量问题，请与我社联系(联系电话：0553-5910315)

前　言

《法治安徽建设年度报告（2022　2023）》作为安徽师范大学法治中国建设研究院推出的第九部年度报告，延续了该系列对安徽省法治建设进程的系统性记录与跟踪研究。

在体例结构方面，本报告采用双年度合辑形式：上篇聚焦2022年度法治建设成果，下篇呈现2023年度最新进展。报告内容全面覆盖法治建设关键领域，包括但不限于人大立法监督、政府依法行政、司法审判检察、知识产权保护、政协法治协商以及法学教育研究等重点工作。

本报告由王宇松副教授负责统稿工作。调研编撰团队包括安徽师范大学法学院2023级硕士研究生房成杰、赵静宸、万晨、徐子寒、沈岩，以及2024级硕士研究生张伟杰、王梦圆、顾文君、焦赞、陈凡等，共同完成了资料收集、整理与编撰工作。

编者

2024年12月

目　录

上编　2022年法治安徽建设工作报告

人大的立法与监督工作 ……………………………………003
依法行政工作 ……………………………………………015
审判工作 …………………………………………………028
检察工作 …………………………………………………046
司法行政工作 ……………………………………………057
知识产权保护工作 ………………………………………074
政协的法治推动工作 ……………………………………081
法学研究和教育工作 ……………………………………088

下编　2023年法治安徽建设工作报告

人大的立法与监督工作 ……………………………………095
依法行政工作 ……………………………………………103
审判工作 …………………………………………………116
检察工作 …………………………………………………128
司法行政工作 ……………………………………………140

知识产权保护工作 ……………………………………………………150
政协的法治推动工作 ……………………………………………………157
法学研究和教育工作 ……………………………………………………167

上编

2022年法治安徽建设工作报告

人大的立法与监督工作

2022年，安徽省人大围绕党中央重大决策部署和省委工作要求，紧扣全省发展需要和群众关切，积极发挥立法的保障引领功能，制定、修改了一大批体现时代要求、反映地方特色的法规，为促进安徽省贯彻新发展理念、构建新发展格局、实现高质量发展，推动治理方式和治理能力现代化发挥了重要作用。

一、人大的立法工作

安徽省人大坚持立法工作的正确政治方向，发挥人大主导、审议把关作用，更加注重法法衔接、法规与政策规章之间的协调，增强立法的系统性、整体性、协同性。加强重点领域、新兴领域立法，以良法推动经济高质量发展，促进社会建设水平提升。

——稳妥推进全省人大立法工作。2022年，省人大常委会着力加强重点领域、新兴领域立法，全年立改废法规45件，审查批准设区的市法规39件，接受报备规范性文件218件，统筹推进安徽省法规全面清理，修改、废止了与民法典不一致的9件法规，进一步增强立法的系统性、协同性和时效性。省人大常委会认真落实中央要求，依法指导设区的市立法，加强和改进法规审查批准工作，统筹协调各市科学确定立法项目，提前介入起草修改，从合法性、合理性、可操作性及准确表述等方面进行深入研究，共提出420条修改意见，进一步提高了审查质量。

——探索创新性立法机制。省人大常委会坚持创造性开展立法，充分发挥地方立法的实施性、补充性、试验性作用，探索建立了专委会与政府部门立法会商机制。选择部分重要立法事项组织第三方评估、开展论证咨询，增强了法规条款的针对性和可执行性。通过“小切口”“小快灵”立法解决实际问题。推进全省统一的规范性文件备案审查信息平台建设，增强了备案审查能力。

——强化立法工作的意见征求。省人大在全省设立基层立法联系点，选聘政府立法咨询员，打通立法民意“直通车”，众多的条例、规章、制度回应了人民群众的重大关切，地方立法在经济社会生活各方面基本实现有法可依。截至2022年12月底，人大代表提出立法意见、监督意见等共54.1万件，已办结建议33.3万件，满意率稳定在95%以上，推动解决了一批群众牵肠挂肚的民生大事和天天有感的关键小事。省人大制定并通过《安徽省人大常委会加强立法征求意见工作规定》，编制立法规划、年度立法计划草案时，省人大常委会法制工作委员会通过安徽人大网站及其他媒体向社会公开征求意见建议，并全面征求省人大常委会基层立法联系点的意见。广泛征求省人大代表的意见，代表立法议案中提出的立法项目，一般应当列入立法规划或年度立法计划。及时征求“一府一委两院”、省人大专门委员会、常委会工作机构、省司法厅等省直有关单位、设区的市人大常委会的意见。

——深化经济领域立法。省人大常委会为主动适应经济改革立法需求多、要求高的新形势，在确保经济法规质量的前提下加快立法步伐，以更加完善的法治，引领推动经济高质量发展。2022年，省人大常委会紧扣融入新发展格局，审议通过并实施《中国（安徽）自由贸易试验区条例》，为推进规则、规制、管理、标准等制度型开放提供法治引领。审议通过并实施《安徽省地方金融条例》，加强地方金融监督管理，防范化解金融风险，保护人民群众财产安全，引导金融服务实体经济，促进地方金融健康发展。

——加快推进“三地一区”建设立法。2022年安徽省推动创新要素集聚、关键核心技术攻坚、长三角科创共同体建设，把科技创新成果就地转化为现实生产力。聚焦打造“科技创新策源地、新兴产业聚集地、改革开放新高地”，集成安徽省改革试点经验，集中力量推进自贸区等立法，促进自贸区制度型开放和高质量建设。紧扣打造“经济社会发展全面绿色转型区”，正式施行《安徽省绿色建筑发展条例》，修订了《安徽省城市市容和环境卫生管理条例》，审议了《安徽省自然保护区条例》草案等，助推安徽省打造生态保护和污染防治升级版。在专题调研、审议报告的基础上，实施了《安徽省引江济淮工程管理和保护条例》，全面发挥这一工程的经济、社会和生态效益。

——促进长三角一体化发展。贯彻新修改的《中华人民共和国地方各级人民代表大会和地方各级人民政府组织法》关于推进协同立法的要求，不断强化长三角一体化发展法治支撑，在审议通过并实施的《安徽省铁路安全管理条例》、修订后的《安徽省科学技术进步条例》中，对三省一市（江苏省、浙江省、安徽省、上海市）协同事项予以明确。与沪苏浙人大同步审议通过并当年实施《推进长三角区域社会保障卡居民服务一卡通规定》，率先在交通出行、医疗卫生等领域实现一卡多用、跨省通用，合力提升长三角区域公共服务普惠化、便捷化水平。指导马鞍山市与南京市、镇江市协同制定《关于加强长江江豚保护的决定》，在全国首次实现对单一物种的流域性区域协同保护立法。

——完善科技创新立法。安徽省人大为了全面促进科学技术进步，增强自主创新能力，促进科技成果向现实生产力转化，推动高质量发展，根据《中华人民共和国科学技术进步法》和有关法律、行政法规，结合本省实际，对《安徽省科学技术进步条例》进行了修订，为安徽省进一步实施创新驱动发展战略、推进科技自立自强、建设高水平创新型省份，提供了更加完善的制度基础和更强的法治保障。

——完善乡村振兴立法。审议通过并实施了《安徽省促进大别山等革命老区振兴发展条例》，《安徽省实施〈中华人民共和国乡村振兴促进法〉办法》将安徽省乡村振兴特色做法和典型经验以立法的形式固定下来，进一步巩固拓展脱贫攻坚成果同乡村振兴有效衔接。这些法规适用于安徽省行政区域内全面实施乡村振兴战略，促进乡村产业振兴、人才振兴、文化振兴、生态振兴、组织振兴和城乡融合发展等。这些法规特别强调促进乡村振兴，应当坚持中国共产党的领导，坚持农民主体地位，遵循产业兴旺、生态宜居、乡风文明、治理有效、生活富裕的总要求，贯彻新发展理念，促进共同富裕。

——积极推进民生立法。为了积极应对人口老龄化，省人大常委会表决通过并施行《安徽省养老服务条例》，健全养老服务体系，用法治保障老年人安享幸福晚年。审议通过并施行《安徽省教育督导条例》，审议通过《安徽省实施〈中华人民共和国职业教育法〉办法》，助力办好人民满意的教育，细化校园及周边安全管理措施，提高学校安全风险防控能力。审议通过《安徽省社会科学普及条例》，加强社会科学普及，培育和践行社会主义核心价值观，提高公民的社会科学素养，促进人的全面发展和社会全面进步。审议通过并实施《安徽省实施〈中华人民共和国公共图书馆法〉办法》，促进安徽省公共图书馆事业发展，发挥公共图书馆功能，保障公民基本文化权益，提高公民科学文化素质和社会文明程度，更好满足人民文化需求。批准通过《合肥市燃气管理条例》，加强燃气管理，保障燃气供应，防止和减少燃气安全事故，保障公民生命、财产安全和公共安全，维护燃气经营企业和燃气用户的合法权益，促进燃气事业健康发展。

——稳步推进社会治理立法。省人大常委会着眼推动基层治理体系和治理能力现代化，稳步推进社会治理方面的立法工作。审议通过并开始施行《安徽省街道人大工作条例》，以加强和规范街道人大工作，推进基层民主法治建设，发展全过程人民民主。表决通过并施行《安徽省实施〈中华人民共和国反家庭暴力法〉办法》，进一步细化和明确反家庭暴力工作的具体措施，构建文明和谐家庭关系。表决通过了《安徽省电动自行车管理条例》，以消减群众身边的安全风险，保护群众人身、财产安全。修订了《安徽省消防条例》，以进一步加强应急救援工作，推动提升消防治理能力，筑牢社会安全法治防护网。审议通过并实施了《安徽省铁路安全管理条例》，以加强铁路安全管理，保障铁路运输的安全与畅通，保护人民人身和财产安全。

——加强生态环保立法工作。为了保护和合理利用林木种质资源，规范林木品种选育和林木种子生产、经营、使用和管理行为，加强种业科学技术研究，鼓励育种创新，保护林木新品种权，维护林木品种选育者和林木种子生产者、经营者、使用者的合法权益，提高林木种子质量，促进林业发展，省人大常委会修订了《安徽省林木种子条例》。为了促进节约用水，科学合理利用水资源，保障经济社会可持续发展，省人大常委会修订了《安徽省节约用水条例》。为了加强湖泊管理和保护，防止湖泊面积、容积减少，保护水资源，防治水污染，改善水环境，修复水生态，促进经济社会可持续发展，省人大常委会修订了《安徽省湖泊管理保护条例》。为了加强安徽省内的土壤污染防治，省人大常委会审议通过了《安徽省实施〈中华人民共和国土壤污染防治法〉办法》。

二、人大的监督工作

2022年度安徽省人大依法行使监督职权，保证宪法、法律、法规、上级和本级人民代表大会及其常务委员会决议、决定在本行政区域内的遵守和执行，不断健全监督制度，增强监督规范性、丰富监督内容、完善监督程序、改进监督方式，在实践中不断总结和完善，形成制度化、规范化，切实做到用制度管权，用制度管事，用制度管人，为人民谋利益，彰显监督的力度和权威性，达到监督的预期效果。

——监督政府立法及相关决策合法性审查工作。省政府向省人大常委会提交27件地方性法规议案，分别制定、修改、废止省政府规章5件、6件、6件。贯彻落实“放管服”改革部署要求，提请省人大常委会修改《安徽省港口条例》《安徽省林木种子条例》《安徽省实施〈中华人民共和国水法〉办法》等14件地方性法规，废止《安徽省收费管理条例》《安徽省农民负担管理条例》等5件地方性法规。创新立法征求意见机制，其中《安徽省电动自行车管理条例》草案公开征求意见近800条、收到网络问卷10.2万份。制定行政规范性文件合法性审核省级地方标准。全年开展省政府重大决策事项合法性审查812件，省政府常务会议审议事项、重大决策事项合法性审查率100%，省级收到备案登记审核文件632件，准予备案登记631件。

——监督政府严格执法。省人大常委会围绕耕地保护、要素保障、就业、科技成果转化、乡村振兴、教育医疗等重点工作，创新运用监督方式，依法开展有效监督，全年听取审议报告22项，开展执法检查5次、专题询问5次，作出决议决定6项、任免地方国家机关工作人员144人次，确保党中央决策部署和省委工作要求通过法定程序成为全省人民共同意志，坚定不移地将党的领导贯穿于人大监督工作的各方面全过程，促进“一府一委两院”依法行政、公正司法。为了建立和完善行政执法监督机制，防止和纠正违法或者不适当的行政执法行为，保障公民、法人和其他组织的合法权益，全面推进依法行政，省人大监督政府依法严格执行《安徽省行政执法监督条例》，紧扣法条原文、紧盯实施短板开展执法检查，发挥“法律巡视”利剑作用。围绕公路安全、人民防空、退役军人保障、残疾人保障等方面，开展执法调研，督促执法主体严格落实法定职责。实行“审议意见+问题清单”制度，创新专题询问方式方法，增强专题询问的针对性、严肃性、实效性。

——保障司法机关公正司法。省人大常委会听取审议法院行政审判工作情况报告，推进行政审判工作更好维护人民群众和市场主体的合法权益。听取审议检察机关检察建议工作情况报告，作出进一步加强检察建议工作的决议，增强检察建议刚性。开展推进监察工作规范化法治化正规化建设专题调研，就完善监察执法与刑事司法衔接机制提出建议，推动《中华人民共和国监察法》有效实施。

——创新完善监督机制。省人大积极探索对执法检查发现问题整改、审议意见研究处理情况的“再监督”机制，加强对涉法涉诉信访问题处理情况的跟踪监督，确保“一督到底、监督必落地”。为了增强监督力度，选择重点议题，与市县人大联动监督，增强监督的整体合力。把高水平创新型省份建设作为旗帜性抓手，围绕科技进步“一法一条例”贯彻实施，组织开展执法检查和专题询问，支持政府扩容升级科技创新攻坚计划，重点督办加快科技成果转化应用方面的代表建议，加快建设全省应用场景一体化大市场，推动更多科技成果在安徽就地转化。

——加强民生监督。围绕就业这一最大民生，省人大审议了促进人力资源合理配置和高效利用报告，审议了统筹保障高等教育高质量发展、义务教育阶段“双减”政策落实、提升医疗服务保障水平等报告。开展《安徽省老年教育条例》执法检查，对老年助餐行动、民生工程实施等开展调研视察，努力把实事办好、好事办实。建立健全融入省委“民声呼应”工作体系的机制，出台高质量开展“关注民生提建议、五级代表在行动”工作实施意见，构建“代表来提、政府来办、人大来督、群众来评”民声呼应工作机制，积极解决民生难题，办好民生实事。在安徽省委领导下，省人大谋划开展了以关注民生提建议、五级代表在行动为主题的“聚民意，惠民生”行动，发动全省五级代表在人代会闭会期间每月至少反映1次社情民意、群众诉求，推动代表为民履职任务化、常态化、制度化。

——加强公共服务监督。围绕“老有所养”，开展《安徽省养老服务条例》执法检查，推动构建居家社区机构相协调、医养康养相结合的养老服务体系。围绕“幼有所育”，保障母亲和婴幼儿健康，提高人口素质，深入贯彻执行《安徽省实施〈中华人民共和国母婴保健法〉办法》，开展托育服务发展情况专题调研，解决“育”的难题、减轻“养”的负担。围绕“病有所医”，听取审议医疗保障工作报告，推动构建共建共治共享医保治理格局。围绕《安徽省实施〈中华人民共和国乡村振兴促进法〉办法》实施情况开展专题询问，聚焦法律实施中的短板和不足，向省政府及有关部门提出问题，以促进法律的有效实施。开展让皖北地区群众喝上引调水专题调研，促进惠民工程顺利实施。着重围绕“十四五”规划实施、科技创新、新兴产业发展、财政资金使用、国有资产保值增值等，听取审议计划和预算执行、审计及查出问题整改等报告，审查批准决算和预算调整方案，审议国有资产管理综合报告。听取审议红色资源保护和传承工作报告，推动把红色资源利用好，把红色基因传承好。

——加强生态环保监督。省人大突出破立并举，首次将听取审议年度环保目标完成情况报告与推动突出生态环境问题整改结合起来，促进发展方式绿色低碳转型。积极开展“一法一条例”（《中华人民共和国环境保护法》《安徽省环境保护条例》）的执法检查，重点关注法律实施情况、环境保护基础设施建设、农村环境保护工作等，以确保法律法规得到有效执行。同时，提出了着力解决老百姓“家门口”的突出大气环境问题，如深化扬尘污染综合治理，强化餐饮油烟污染监管执法职责分工，提高监管效能。紧扣协同推进降碳、减污、扩绿、增长，审议年度环保目标完成情况、推进碳达峰、碳中和等报告。开展《中华人民共和国长江保护法》执法检查，严格落实长江“十年禁渔”，以法治力量守护“皖美山水”。听取巢湖流域农业面源污染治理工作情况汇报，深入推进巢湖流域综合治理实现新跃升。加强长江、淮河等重点流域排污口整治，扎实开展城市污水管网整治三年攻坚行动和农村黑臭水体治理三年行动。

——加强统筹发展和安全监督。全面贯彻总体国家安全观，审议安全生产专项整治三年行动工作报告，督导全省消防安全大检查，开展消防安全法律法规执法调研，推动压实安全生产责任。首次听取全省地方政府债务管理情况汇报，助力防范和化解政府债务风险，维护经济发展安全。听取审议法院审判监督、检察机关办理控告申诉案件报告，促进深化审判监督制度改革、提升控告申诉案件办理质效，努力让人民群众在每一个司法案件中感受到公平正义，促进社会和谐。

——加强人事任免工作监督。省人大坚持党管干部原则与人大依法行使任免权相统一，确保党中央及省委人事安排目标圆满实现。为落实宪法宣誓制度，省人大常委会组织31名任命人员依法进行宪法宣誓，增强国家工作人员的宪法意识。加强任后监督，组织96名“一府两院”工作人员述职，引导省人大常委会任命人员依法履职、勤政为民。依法做好人大换届选举工作，加强对市、县、乡人大换届选举工作指导，选举产生市、县、乡人大代表12.4万名，圆满完成市、县、乡三级人大首次同步换届。及时作出相关决定，提出名额分配方案，依法审查和确认省人大代表资格，顺利完成省人大代表选举工作任务。认真做好安徽省十四届全国人大代表选举有关筹备工作。

——持续深化“双联系”监督工作机制。完善省人大常委会组成人员联系原选举单位基层代表方案，实现组成人员联系基层代表全覆盖。邀请全国人大代表、省人大代表列席省人大常委会会议、参与常委会执法监督，代表参与常委会工作实现常态化。出台进一步加强代表小组建设、履职平台建设意见，推动全省1万多个代表“家室站点”连点成网，把联系服务触角延伸到居民群众的家门口，不断深化“双联系”监督工作机制。

——不断完善代表履职督办机制。围绕议案建议提、交、办、督等重点环节，实行省人大常委会主任会议成员牵头重点督办、省“一府一委两院”负责同志领衔督办、常委会各机构对口专项督办、代表工作机构全面协调督办的“四督合一”工作机制，全年共213件议案、1331件建议全部办理完毕。安徽省全国人大代表在十三届全国人大五次会议期间提出议案19件、建议337件，其中11件建议被全国人大列为重点督办建议。

——加强自身建设提升监督能力。全面贯彻党的二十大精神和安徽省委十一届五次、六次全会部署，谋划制定常委会年度工作要点和立法、监督、代表、调研工作计划，开展人大代表学习贯彻省委全会精神专题培训，保证党的路线方针政策和决策部署在人大工作中得到全面贯彻。各级人大及其常委会把牢“四个机关”定位，全面加强自身建设，认真履行立法、监督、决定、任免等职权。各级人大代表密切同人民群众的血肉联系，积极投身“关注民生提建议、五级代表在行动”，以实干实绩展现新时代人大代表新风采。省人大还指导各地加强新当选代表学习培训，引导代表忠诚为党分忧，忠实为民履职。

依法行政工作

2022年安徽省人民政府坚持以习近平新时代中国特色社会主义思想为指导，认真贯彻落实党的十九大以来历次全会和党的二十大精神，全面贯彻落实习近平总书记系列重要讲话指示批示精神，衷心拥护“两个确立”重大政治成果、忠诚践行“两个维护”政治要求，在安徽省委的坚强领导下，完整、准确、全面贯彻新发展理念，坚持改革开放，坚持高质量发展，加快打造具有重要影响力的“三地一区”即具有重要影响力的科技创新策源地、新兴产业聚集地、改革开放新高地和经济社会发展全面绿色转型区，服务构建新发展格局成效显著，现代化美好安徽建设取得新的重大成就。

一、加强党对法治政府建设的领导

党对法治政府建设的领导是全面依法治国的关键保障。安徽省人民政府全面贯彻党的二十大精神，深入学习习近平法治思想，强化党对法治政府建设的领导，确保依法治省各项工作沿着正确的方向前进。

——学深悟透党的二十大精神。为深入贯彻落实党中央重大决策部署，省政府迅速响应，全面推进党的二十大精神的学习贯彻。第一时间组织传达党的二十大精神，全面学习把握并落实关于法治政府建设新部署新要求，研究谋划具体贯彻举措，提出37项重点任务，对做好学习宣传贯彻工作作出全方位部署安排。组织党员、干部集中收看党的二十大开幕会，第一时间组织开展专题学习研讨，组织省管干部和处级领导干部参加学习贯彻党的二十大精神集中轮训，谋划举办省直单位系统学习贯彻党的二十大精神培训班。

——深入领悟习近平法治思想。省政府把深入学习宣传贯彻习近平法治思想作为重大政治任务，在省级层面组建习近平法治思想宣讲团，全省共举办各类主题宣讲9.5万余场、受众392万余人次，各类主题网络宣讲3.9万余场、受众906万余人次。同时，坚持党组带头，将习近平法治思想作为各级党组理论学习中心组学习的重点内容，并多次开展集体学习研讨。

二、全面履行政府职能

2022年省政府全面履行政府职能，致力于提升服务效率与质量，优化营商环境，增强社会治理能力。不断深化改革，简化行政程序，提高政策透明度和执行效率，努力构建更加公正、透明、高效的管理体系。强化法治建设，促进社会和谐稳定，同时积极回应民众和企业的需求，持续改善公共服务水平，推动经济社会全面发展，努力实现人民满意的服务型政府目标。

——深入推进“放管服”改革。为提升政府服务效能，激发市场和社会活力，省政府持续加大简政放权力度，简化行政程序，优化审批流程，构建更加高效、透明的服务型政府。从省级层面赋予乡镇街道部分县级审批执法权限，动态拓展优化中国（安徽）自贸试验区特别清单，统一赋予省级及以上开发区省、市、县三级部分经济管理事项。持续深化权责清单“全省一单”体系建设，公布省行政许可事项清单、省级政府权责清单、省级公共服务清单、省级行政权力中介服务清单（2022年版）。开展“减证便民”行动，梳理不应由村（社区）承担事项7类，累计清理不应由基层群众性自治组织出具证明事项51项。持续推行社会组织登记管理领域7项证明事项告知承诺制。全面开展残疾人两项补贴“跨省通办”“全程网办”。离婚登记电子证照实现长三角“一网通办”，内地居民婚姻登记全省“市内通办”，涉外婚姻登记服务权限下放试点改革在7个地级市稳步推进。

——持续优化营商环境。省政府持续激发市场活力和社会创造力，不断深化改革开放，致力于构建更加公平、透明、高效的营商环境。出台《安徽省打造一流法治化营商环境行动方案（2022—2024年）》（皖营商环境组〔2022〕2号），统筹推进10项重点行动及36项具体任务，季度开展督查、通报、调度，并将工作成效纳入省委综合考核、省政府目标绩效管理考核和法治督察内容。制定评价问题及对策措施清单，细化推进落实整改举措25条。全国工商联发布的2022年度万家民营企业评营商环境调查结果显示，安徽省法治化营商环境全国排名由第20位跃升至第3位。省财政厅拨付助企纾困资金27.7亿元，惠及项目2015个。拨付省融资再担保公司资本金和代偿补偿资金5.8亿元，破解小微企业、“三农”融资难融资贵问题。完善财政资金直达机制，提高直达资金管理的法治化、规范化水平，确保资金直达基层、及时惠企利民。

搭建惠企政策资金“免申即享”平台，推动惠企政策申报、审核和资金兑付“一网通办”，持续释放稳定预期的政策效果。开展政府采购营商环境季度评议，持续清理政府采购领域不合理限制性规定及隐性门槛和壁垒，推出多项政府采购优化政策，全年为市场主体节约资金超100亿元。

——扎实提升政务服务水平。省政府不断优化服务方式，提高服务效率，以更好地适应人民群众和企业的需求，增强民众和企业的满意度与获得感。全面推行证明事项告知承诺制，持续开展“减证便民”行动，为群众和市场主体减免提交证明材料219.24万件次、实行告知承诺制证明事项10219个。在全国第2家开通省级统一的“12348”公共法律服务热线，建成安徽法律服务网，公共法律服务实体平台实现五级全覆盖，全省共办理公证事项27.9万件、司法鉴定案件15.8万件、法律援助案件8.8万件、仲裁案件0.9万件。全省公共法律服务实体平台解答咨询13.5万人次，安徽法律服务网办理业务4.6万件，12348热线解答咨询68.7万通。全面推广电子证照应用，全年共制发电子证照30.4万本，累计制发92.7万本。积极拓展电子注册证书获取渠道，率先实现省域“就近能办、异地可办、一屏通办”，持证人员可在全省各市县近190台自助服务机享用便捷服务。进一步拓展7×24小时不打烊“随时办”等服务，为民办实事、为企优环境。加强信息归集共享，累计归集住房城乡建设领域企业信息7.96万条、人员信息197.32万条、工程建设项目信息13.15万条。

——切实推进工程审批制度改革。省政府致力于打造更加高效、透明的审批流程，全面推进工程审批制度改革，为企业和民众提供更便捷的服务体验。将原有房屋建筑和城市基础设施等工程建设项目审批事项由79项减少至23项。开展工程建设项目报建提升行动，将政府投资类项目审批时限压缩至80个工作日以内，社会投资类项目压缩至60个工作日以内，用水、用气报装时限压缩至3个工作日以内，低压小微企业、高压普通用户用电报装时限分别压缩至8个、17个工作日以内。审批系统有效应用，各市工程建设项目审批管理系统全部建成，省工程建设项目审批监管系统与国家工程建设项目审批管理系统、省政务服务网、省营商环境监测系统、16个市审批管理系统实现互联互通。

——进一步加大执法检查力度。2022年安徽省共执法检查3213家单位，完成国家统计局部署任务数的122%。认真核查国家统计局转交、国家统计督察“回头看”移交和群众举报线索，对472家单位开展执法检查。常态化开展“双随机”抽查，省统计局与省市场监管局联合印发《关于开展2022年统计联网直报企业和投资项目单位部门联合抽查工作的通知》，联合对铜陵市统计联网直报企业和投资项目单位开展“双随机、一公开”抽查，对50家企业开展实地检查，并及时向社会公开检查结果。

——全面强化法治政府建设保障能力。安徽省各级政府全面强化法治政府建设保障能力，致力于提升法律制度的执行力度与公共服务的质量，增强政府治理效能，维护社会公平正义。加强司法行政事业紧缺和急需的专业人才引进、培养、选拔、使用力度，加大执法关键岗位定期轮岗交流力度。推进法律职业人员职前培训，健全法治人才留皖服务工作机制。加快“智慧法治”建设，推进在用系统优化、升级，融入全省政务信息资源平台和政务服务平台建设。组织相关人员参加行政执法资格认证审计专门法律知识和通用法律知识考试，全省审计机关共有220人取得行政执法资格。认真做好省行政执法综合管理监督平台应用工作，及时录入执法单位、执法人员、行政职权、自由裁量权等信息。对省审计厅执法人员持证情况进行梳理，做好证件注销、换发和补办工作，保障审计人员持证上岗、亮证执法。

——大力提升政府基层社会治理能力。坚持和发展新时代“枫桥经验”，充分发挥2万余个人民调解委员会、10万余名人民调解员的积极作用，构建“调防结合、以防为主”的“大调解”格局，建成“百姓评理说事点”1万余个。安徽省商会人民调解委员会调解组织实现省市县三级全覆盖。建立健全工作机制，深化府院、府检联动。深化基层政务公开标准化规范化建设，推进基层治理体系与治理能力现代化。

三、系统完善依法行政制度

安徽省政府致力于构建完善的法治体系，提升依法行政能力与水平。通过优化法规立改废释流程、严格合法性审查，确保政策制定与执行的科学性和规范性。创新制度建设，建立长效清理机制，保障法律法规与时俱进。加强法律顾问和公职律师队伍建设，完善内控制度，防范业务风险，营造公正透明的法治环境，推动经济社会持续健康发展。

——坚持立改废释并举。落实2022年省人大常委会立法计划和省政府规章制定计划，制定并公布《安徽省“十四五”

时期政府立法项目清单》，立项170件地方性法规、政府规章。《安徽省绿色建筑发展条例》《安徽省生活垃圾分类管理条例》正式实施，对《安徽省建设工程造价管理条例》进行了重新修订。出台《关于加强全省自建房屋安全管理工作的决定》《安徽省自建房屋安全管理办法》《安徽省自建房屋安全管理条例》，形成了安徽省特有的自建房屋安全管理制度体系，自建房屋安全管理立法获评安徽省2022年度“十大法治事件”。《安徽省学校安全条例》《安徽省实施〈中华人民共和国职业教育法〉办法》《安徽省教育督导条例》等教育相关地方性法规经省人大常委会审议通过。《安徽省养老服务条例》作为2022年度省“十大法治为民办实事”项目之一，在“子女护理假”假期设定等方面突出安徽特色，顺利通过省人大常委会审议并施行。政府各部门按照“谁制定，谁清理”原则，组织对现行有效的政府规章进行全面清理，及时修改或废止与上位法相抵触、不适应改革要求和经济社会发展需要的规定。同时，通过定期评估机制，保证了法规政策的适时更新。

——积极推行法律顾问制度。全面推行政府法律顾问制度，充分发挥法律顾问在制定重大行政决策、推进依法行政中的积极作用，实现县级以上政府及其部门法律顾问全覆盖。全省共聘请法律顾问超过1200名，涉及法学专家、执业律师等多个领域。建立健全法律顾问工作规则，明确法律顾问的权利义务，保障其独立发表法律意见。细化法律顾问的工作职责和服务标准，为法律顾问的有效履职提供了制度保障。建立了法律顾问绩效评价体系，根据法律顾问的服务质量、工作效率、社会效果等方面进行综合评估，评选出年度优秀法律顾问100名，激励法律顾问不断提升服务水平。

四、全面提升行政权力运行监督和制约能力

安徽省政府致力于构建全方位、多层次的监督体系，确保权力在阳光下运行。通过强化不同形式的监督机制，政府不断提升透明度和公信力，增强人民群众对政府的信任，巩固党的执政基础，保障各项决策和执行过程依法依规进行。积极回应社会各界的关注与期望，确保行政权力得到有效制约，促进法治政府建设，维护社会公平正义。

——自觉接受人大依法监督。省政府依法接受省人大监督，自觉接受省政协民主监督。依法向省人大报告工作，严格执行省人大决议，丰富完善预算联网监督内容，定期向省人大推送政府预算、部门预算、财政收支月报等信息。向省人大报告地方政府债务、国有资产管理等工作，接受省人大专题询问。认真办理代表议案建议，承办的535件省人大代表建议全部按时办结，办理过程和结果满意度均为100%。

——全面接受司法监督。认真落实中央全面依法治国委《行政复议体制改革方案》及安徽省实施方案，自2022年11月1日起明确由县级以上人民政府统一行使本级行政复议职责。畅通复议渠道，设立全省行政复议网上申请平台，全省各级行政复议机关收到行政复议申请10034件、受理8747件、审结7985件，直接纠错1153件。开展全省行政机关履行给付义务清查工作，清查履行给付案件3770件。督办清理到期未履行案件363件，均已履行完毕或达成履行协议。开展违法

行政行为集中整治专项行动，排查整治行政复议纠错和一审败诉案件2472件。落实约谈、通报、督查、考核制度，全省行政机关负责人出庭应诉8721案次，保持出庭应诉率100%，其中行政机关主要负责人出庭1585案次，占比18.2%。

——进一步加强内部监督。认真贯彻落实国务院和安徽省政府第五次廉政工作会议精神，制定贯彻落实省委关于加强对“一把手”和领导班子监督、履行“一岗双责”相关文件的具体举措，纵深推进廉政建设。积极发挥特约审计员咨询作用，听取特约审计员关于审计工作重大决策、规划、制度的意见建议，积极组织特约审计员参与审计项目、调研督查等。正式施行《安徽省政府督查工作实施办法》，不断增强督查工作的科学性、针对性和时效性，督促行政机关全面依法履行职责，推进法治政府建设。

——主动接受社会公众监督。严格落实《中华人民共和国政府信息公开条例》，法定主动公开内容应公开尽公开。全年主动公开政府信息218条，更新政务动态信息1521条。省财政厅按法定时限公开预算信息，不断提高预算公开广度和深度，主动公开重大政策和重点项目等绩效目标、地方政府债务等信息。省级141个部门、657个部门所属单位全部依规公开预算。省审计厅进一步加大审计结果公开力度，完成全省2022年度省级预算执行和其他财政收支审计查出问题及整改情况等信息公开任务，督促被审计单位主动公开审计整改结果。加强政民互动交流，省民政厅举办“政府开放日”活动，邀请市民代表走进政府机关，了解政府部门工作流程，增强公众对政府工作的理解和信任。全年共组织开放日活动

30余场次，参与人数超过5000人，收集到各类意见建议600余条，有效促进了政府与民众之间的良性互动。

——加强合法性审查工作。全年开展省政府重大决策事项合法性审查812件，省政府常务会议审议事项、重大决策事项合法性审查率达100%。实施重大事项合法性审查提前介入，审查重大事项、法律文书等财政事项314件，实现重大事项合法性审查依法依规、应审必审。按季度梳理统计全省规章规范性文件备案登记情况并向社会公布，组织专家对疑难复杂、专业性强且一时难以审结的规范性文件进行集中辅助审查。启动实施安徽省行政规范性文件立法课题，组织起草《行政规范性文件合法性审核规范》，建立与沪苏浙合法性审查工作机构联系机制。开发并上线了合法性审查智能辅助系统，实现了审查工作的信息化、智能化。该系统能够自动识别文本中的法律风险点，生成初步审查报告，大大提高了审查工作的准确性和效率。自系统投入使用以来，已辅助审查文件超过1000件。

——梳理公布权责清单。全面完成省、市、县三级政府工作部门权力和责任清单编制工作，并向社会公开发布。全省共梳理出行政权力事项约12万项，责任事项约40万项，实现了权责清单的全覆盖。进一步规范和完善权责清单动态调整机制，及时更新调整权力事项和责任事项，确保清单的时效性和准确性。全年累计调整权力事项8600余项，责任事项3万余项。对省水利厅权责清单进行集中调整，由45项调整为49项。对照公布的权责事项，更新完善监管细则，对29项内容进行修订。针对基层反映强烈的权责不对等问题，开展专项治理行动，调整优化乡镇街道权责清单，赋予基层更多自主权，减轻基层负担，增强了基层治理能力。

五、不断推动法治宣传教育

为构建全社会尊重法律、遵守法律的良好风尚，安徽省人民政府以习近平法治思想为指导，通过多种形式推动法治宣传教育活动开展，提升全民法治意识。线上线下联动，开展普法活动，不断拓展法治宣传的广度和深度，形成全社会共同参与的良好局面。全面落实普法责任，确保法治宣传教育覆盖各个领域，促进社会公平正义，为经济社会发展提供坚实的法治保障。

——深化宪法宣传教育。以纪念现行宪法公布施行40周年为契机，安徽省部署开展了14项系列宪法宣传学习活动，着力营造宪法宣传浓厚社会氛围。根据中宣部、司法部、全国普法办统一部署，组织开展2022年全省“宪法宣传周”活动；召开纪念现行宪法公布施行40周年主题座谈会；在省法治宣传教育基地，举办为期一个月的纪念现行宪法颁布实施40周年主题展；组织开展宪法进农村、社区、校园等七类场所（简称“宪法七进”）活动，即宪法进农村、进社区、进校园、进机关、进企业、进军营、进网络；组织开展全省领导干部宪法法律知识测试；举办2022年度安徽省“十大法治人物”“十大法治事件”颁奖典礼；举办省直机关法治大讲堂，邀请专家学者作宪法和习近平法治思想辅导讲座；组织开展全省学生“学宪法讲宪法”比赛；实施“宪法卫士”2022年行动计划；开展“宪法与我们的生活”主题征文活动；举办全省规范性文件备案审查培训班；开展宪法宣誓制度贯彻落实情况专题调研；在全省农家书屋及数字农家书屋平台广泛开展以学习宣传宪法为主题的阅读实践活动；召开纪念现行宪法公布施行40周年理论研讨会。不断提升全省人民宪法法律意识，强化全省人民的法治观念。

——创新商务法治文化品牌。举办首届安徽省商务法治文化作品大赛，面向安徽省商务系统、厅属事业单位征集视频、书法、绘画等8类法治文化作品，打造商务特色法治文化品牌。在商务厅机关张贴宪法、国家安全日宣传海报，通过电子显示屏滚动播出法治宣传标语，在风雨走廊展示“八五”普法工作，营造浓厚的法治宣传氛围。印发《安徽商务政策法规工作手册暨“八五”普法宣传手册》《合法性审查工作手册（2022版）》《常用商务法律法规汇编（2022版）》，编印《安徽商务法治简报》，为依法行政工作提供有力支持。

——多方位开展普法教育。将习近平法治思想纳入“皖美民政”系统宣传，纳入民政“八五”普法规划，明确2022年度普法工作要点，明确14项普法任务，细化27项具体举措，不断增强公民的法治意识，弘扬法治精神。开展“喜迎二十大　同心护未来”“美好生活 民法典相伴”“宪法宣传周”等各类线上线下主题法治宣传活动10余次，召开“老年助餐暖民心行动”等新闻发布会6场，开展“最美城乡社区工作者”“优秀社区工作法”“最美儿童主任”“最美养老护理员”“最美社工”等各类选树活动。制作《安徽省养老服务条例》宣传片、“养老诈骗防范指南”短视频。人民日报、安徽日报等中央和省级40多家媒体关注报道民政工作100余篇，民政部简报、省委全面依法治省委员会简报、省推进依法行政工作领导小组简报、《法治安徽》等刊登民政法治信息9篇。

——完善普法宣传工作机制。制定安徽省教育系统法治宣传教育年度工作要点，把宪法法治宣传教育作为“开学第一课”重要内容，开好讲好各级各类学校法治课程。举办学习宣传教育法以及与未成年人保护相关法律法规主题展览，组织学生线下参观和线上学习，参与人次达1.9万人。开展中小学道德与法治学科教学微视频评选活动，提升中小学法治教育教学水平。落实“谁执法谁普法”责任制，细化“谁管理谁普法、谁服务谁普法”措施。在联网直报平台链接统计法治宣传专栏，结合“综合调研”“我为群众办实事”“统计服务千企”等活动，组织全省统计系统对33000余户企业开展统计法律法规宣传，有效增强企业统计法治意识。

审判工作

审判工作是法治建设的重要环节，2022年安徽省各级法院紧紧围绕公平正义这一核心价值，不断深化司法改革，提升审判质效，为维护社会稳定和促进经济健康发展提供了有力的司法保障。作为案件大省和长三角重要成员，全省法院系统坚持以习近平新时代中国特色社会主义思想为指导，全面贯彻落实党的二十大精神，深入贯彻习近平法治思想，全面推进依法治国发挥好“一个案例胜过一打文件”的示范作用，促进裁判尺度统一，提升审判执行质效。

一、指导思想与政治引领

安徽省各级法院始终坚持党对司法工作的绝对领导，将党的领导贯穿于法院工作的全过程。通过深入开展“两个确立”主题教育、党史学习教育等活动，进一步增强了法院干警的政治判断力、政治领悟力、政治执行力，确保了法院工作始终沿着正确的方向前进。

——狠抓政治建设。2022年，全省法院坚持以习近平新时代中国特色社会主义思想为指导，深入贯彻习近平法治思想，认真贯彻落实全省改进工作作风为民办实事为企优环境大会精神，坚持“法治引领、改革驱动、科技赋能、人才支撑、监督保障”五位一体工作思路，全力巩固提升审判执行质效，推动全省法院工作高质量发展。

——擦亮忠诚底色。2022年，安徽省法院系统深入学习宣传贯彻党的二十大精神，开展“喜迎二十大，奋进新征程”系列活动，推出院长访谈、干警心语等学习贯彻党的二十大精神专题，推动党的二十大精神入脑入心、见行见效，营造人心思齐、人心思进的浓厚氛围。坚持党对法院工作的绝对领导，将党的政治建设作为一项重大政治任务和根本性工作抓紧抓好，自觉将法院工作置于党和国家工作大局中去谋划推进，以公正司法确保“国之大者”落实到位。

二、维护社会稳定与平安建设

在打击违法犯罪，维护社会稳定中，安徽省各级法院以实际行动贯彻总体国家安全观，将维护国家安全和社会稳定作为首要职责，全力守护人民群众的幸福感与安全感。全年共审结刑事案件253717件，涉及罪犯320539人。对于严重犯罪，始终保持高压态势，八类主要犯罪年均下降12.66%，有力震慑了犯罪分子。同时，严厉惩处网络犯罪、侵害老妇幼权益犯罪及职务犯罪，全方位维护社会秩序和人民群众合法权益。

——会议引领方向，审判质效提升。2022年，全省法院受理各类案件2330088件，办结2301539件，审判执行案件结案率98.77%，居全国法院第1位。省高院结案率95.54%，居全国高院第1位。全省法院新收审判执行案件1619178件，同比增长15.13%，其中，审结涉沪苏浙企业民商事案件47222件，同比上升40.77%。法院生效裁判服判息诉率98.41%，同比上升0.37个百分点，49件案件入选最高人民法院典型案例。

——常态化开展扫黑除恶斗争，铲除黑恶土壤。在开展常态化扫黑除恶斗争中，全省法院依法审结全国扫黑办挂牌督办的程兆盛涉黑案等案件92件，执结黑财执行案件189件，执行到位率94.24%，及时排查移送各类线索83条，提出司法建议63份。宣传贯彻《中华人民共和国反有组织犯罪法》和参与打击整治农村地区黑恶势力犯罪“铁拳行动”的做法被最高人民法院予以推介，为全国扫黑除恶工作提供了宝贵经验。

——重拳打击养老诈骗，守护老人财产安全。在打击整治养老诈骗专项行动中，将打击锋芒对准以提供“养老服务”、投资“养老项目”、销售“养老产品”等名义实施的非法集资、诈骗犯罪，对于造成严重经济损失或其他恶劣影响的案件坚决予以重判。全省法院依法审结养老诈骗案件25件，摸排线索17条，发出司法建议47条。截至2022年8月18日，全省共受理了一审、二审涉养老诈骗案件37件，审结18件，判决生效罪犯中被判处重刑的比例远高于全部刑事案件，有效保护了老年人的财产安全。

——聚焦未成年人保护，护航未来成长。未成年人的健康成长关乎社会的未来，省高院在未成年人审判与犯罪预防工作上不遗余力。成立专项工作领导小组，实现审判机制全覆盖。2022年，审结10560件涉未成年人案件，严惩侵害未成年人犯罪行为，并为70件刑事案件中的78名被害人提供救助金223.23万元。对未成年被告人坚持“教育、感化、挽救”方针。对罪行较轻、认罪悔罪的依法适用非监禁刑，通过社区矫治帮助其回归社会。2022年，全省法院生效判决18周岁以下未成年罪犯933人，非监禁刑适用率32.44%。办理122件家庭教育指导案件，发出146份家庭教育令，强化家庭在未成年人成长中的教育责任。依法封存轻罪记录，对判处五年以下刑罚且犯罪时未满十八周岁的未成年被告人诉讼档案，严格执行犯罪记录封存规定。2022年，全省法院办理犯罪记录封存案件473件670人，帮助未成年人重新融入社会。

——探索诉源治理新机制，多元化解纠纷。全省法院深入贯彻习近平总书记重要指示精神，凝聚多元解纷合力，为群众提供便捷快捷、诉非衔接、线上线下联动的多元化纠纷解决机制，着力从源头上减少诉讼增量。省高院坚持问题导向和目标导向，一体推进全省法院多元解纷工作，做实做细做优"源头减量工程"，成功实现"两升一降"。2022年，全省法院诉前调解案件50万余件，同比增长118.96%，诉前调解成功案件38万余件，同比增长183.62%；一审民事行政案件新收案件同比下降6.16%。依托人民法院调解平台，省高院与安徽省总工会等12家省直单位建立在线诉调对接机制。全省法院在线调解案件39万余件，诉前调解成功24万件，70%的一审民事、行政案件在诉讼服务大厅一站式成功调处。安徽法院诉讼服务质效2.0+版得分居全国法院第3位，安徽高院诉讼服务评比得分居全国高院第1位。

——完善诉源治理方案，优化工作效能。安徽省高院出台两个方案，绘制出强化诉源治理、多元解纷的工作路线图。2022年3月初下发《2022年推进诉源治理巩固提升审判执行质效工作方案》，明确诉源治理目标任务和方法路径，围绕

“进入法院的矛盾纠纷”和“尚未进入法院的矛盾纠纷”两个层面提出七条治理措施，建立三级分类考核机制，推动减少诉讼案件总量，聚焦矛盾纠纷多发易发的民间借贷、金融借款、物业服务合同、机动车交通事故责任、劳务合同等九类民商事纠纷类型，多措并举，加强重点领域纠纷源头预防和诉前化解。

为了把《关于加大九类民商事纠纷诉前调解工作的方案》《2022年推进诉源治理巩固提升审判执行质效工作方案》两个方案落到实处，安徽省高院强化全盘统筹，每季度召开全省法院诉源治理调度会，督促后进法院找准差距短板；确定合肥、滁州、安庆三地法院作为多元解纷示范法院，发挥带头引领作用。年中，分管院领导点评全省法院上半年存在的问题，三级法院形成了上下联动合力推进多元解纷工作浓厚氛围。安徽省高院立案一庭依托专项督导、司法巡查等多种途径，深入各地法院督导，持续推进全省法院入驻市县乡级社会矛盾纠纷调处化解中心，形成“分层递进”多元解纷模式，强化了纵向督导。与此同时，强化横向对接。全省行业调解员、专业调解员及特邀调解员3800余人次参加了安徽省高院组织的九期在线调解实务工作培训，切实提升诉前调解能力。

如居住在海南省海口市的游某在安徽芜湖一家金融机构的线上贷款平台，申请办理了购买新车抵押贷款手续。金融机构即时将游某的身份证、活体识别信息以及双方签订的电子合同文本上传至司法区块链平台予以存证。游某逾期还贷，不见踪影，被金融机构诉至芜湖金融巡回法庭。在法官通过大数据技术定位被告联系到游某后，在调解员耐心的沟通下，金融机构和游某在人民法院调解平台上达成调解协议，并当天履行完毕。这是芜湖市中级人民法院创新“区块链+诉源治理”工作机制，利用“失联修复系统”找到被告，诉前化解金融纠纷的成功案例，也是安徽法院“源头减量工程”的生动实践，彰显了中国特色一站式多元纠纷解决体系优势。

三、服务经济社会发展大局

2022年，安徽省各级法院为服务经济社会发展大局，采取了一系列有力有效的法律举措，旨在通过法治化手段优化营商环境、保障创新发展、守护生态环境，进而推动全省经济社会高质量发展。

（一）优化营商环境，激发市场活力

全省法院积极作为，充分发挥审判职能，紧密围绕“五项重点工作”，坚定不移立足审判执行主责主业，全力投身于推进法治化营商环境的建设，服务全省经济社会发展大局。

——依法维护市场秩序。依法严惩恶意拖欠账款、逃废债等破坏市场规则、损害市场主体合法权益的违法犯罪行为，让市场交易的公平公正得以维护。同时，高度重视产权司法保护，严格依法规制反垄断和反不正当竞争行为，对各类市场主体的合法权益予以平等保护，让每一个市场主体都能在公平的法治环境中参与竞争。

——完善市场主体救治和退出机制。完善市场主体救治和退出机制是安徽省法院2022年的重点工作之一，与政府协同化解企业破产难题。对于陷入困境但仍有发展潜力的企业，

加大破产重整案件审理力度。组建专业审判团队，深入分析企业经营和财务状况，积极协调各方制定重整计划。通过引入战略投资、优化债务结构等方式，帮助企业摆脱困境，实现重生。对于那些确实无法适应市场、无挽救价值的企业，严格规范其退出程序。成立清算组，全面清查资产债务，依法保障职工权益和债权人合理权益，避免市场资源无效占用，提升市场运行效率。

——进一步健全府院联动机制。为进一步健全府院联动机制，安徽省人民政府、安徽省高级人民法院联合印发《关于进一步完善“府院联动”工作机制的意见》，要求全省各级行政机关、人民法院进一步发挥各自职能优势，共享行政执法和审判执行信息资源，共同化解矛盾纠纷、防控社会风险、维护社会和谐稳定、推进社会治理创新，实现政府与法院间的良性互动、优势互补，不断强化法院监督职能，督促行政机关依法行政，同时推进人民法院公正司法，营造良好营商环境。

——持续加大执行攻坚力度。2022年，安徽省各级法院在案件执行工作上持续发力。一是通过创新执行机制，提升执行效率。如创新“执行110”应急处置中心、执行服务中心、执行指挥中心功能拓展等“三大中心”建设，不断深化执行工作强制性保障与专业警务化保障的有效结合。二是开展各类专项活动，提升执行力度。如开展“江淮风暴”执行攻坚优化营商环境之夏季行动，在2022年6月至8月，全省中基层法院院长积极推进该行动，共执结涉拖欠企业债务、涉民生等7类重点案件111172件，执结金额356.08亿元，执行到位金额140.61亿元。三是利用信息化手段，推进线上执行，提升执行工作水平。通过一系列创新举措与积极行动，全省法院在执行攻坚方面取得丰硕成果。2022年全省法院共执结案件512400件，同比上升29.67%，结案数位居全国第4位；结案率达到98.74%，位列全国第1位；结案平均用时39.05天，同样居全国第1位。在关键执行指标上，“有财产可供执行案件法定审限内执结率”为99.85%，居全国第2位；“无财产可供执行案件终本合格率”为100%，“执行信访办结率”为100%，均并列全国第1位；“执行案件执结率”为98.78%，居全国第2位，增强了市场主体对司法的信任和对市场的信心。

——不断拓展服务民营经济方式。全省法院积极服务保障民营经济健康发展，审结合同类纠纷案件574674件、知识产权案件12103件，成功助力557家困境企业重获新生。合肥市中院开展“法院进万企，依法解难题”活动，走访企业超过1000家，深入了解企业在经营过程中遇到的法律问题并及时提供专业解决方案；2022年芜湖市中院通过创新“区块链+诉源治理”机制，为企业提供更加高效便捷的纠纷解决途径，有力支持企业稳定就业，促进民营经济的繁荣发展。

（二）促进创新发展，加速产业升级

2022年，安徽省各级法院为推动创新发展，在审判工作中多管齐下，通过一系列有力措施，强化知识产权保护，以司法服务和保障为科技创新、产业升级提供坚实支撑。

——强化知识产权保护。全省法院通过各种方式不断强化对知识产权的保护。一是完善简案快审机制，全省全年快审结案6940件，平均审理周期缩短至31.73天。二是降低维权取证难度，依法采信运用可信时间戳等技术手段获取的证据，探索网络远程调取省外法院在卷证据，引入技术调查官或智库专家参与诉讼活动等。三是加大损害赔偿力度，如合肥市知识产权法庭在审理植物新品种侵权案时，将许可使用费作为惩罚性赔偿的基数，判决侵权人予以三倍赔偿。四是强化机制建设，一体推进“三合一”改革、管辖布局优化。五是积极推进知识产权纠纷人民调解工作，移送“人民法院调解平台”案件12900件，调解成功率76.19%。2022年全省法院系统共受理知识产权民事一、二审案件12241件，审结12102件。受理知识产权刑事一、二审案件205件，审结174件。受理知识产权行政一、二审案件11件，审结11件。多起案件入选最高人民法院“知识产权司法保护50件典型案例”“人民法院种业知识产权司法保护典型案例”“安徽省法院系统百篇优秀案例”等。

——推动科技成果转化。积极加强与科研机构的合作，探索建立技术类案件的专业化审判模式，鼓励和支持科技成果转化应用。通过专业的司法审判，为科技成果转移转化过程中的纠纷提供公正的解决途径，保障科技成果能够顺利从实验室走向市场，为创新驱动发展战略的实施提供有力的司法保障。

——创新服务科创企业方式。全省法院在涉企案件处理上，采取多项举措服务科创企业，促进科创企业不断发展。如合肥市中级人民法院与合肥市科学技术局、合肥市市场监督管理局（知识产权局）签署了《关于服务保障合肥科创企业高质量发展合作协议》，形成兼顾各类科创企业保障实际的行政司法合作共同体，打通高效便捷的行政、司法服务“绿色通道”，强化服务意识，把科创企业满意度作为第一标准，推动合肥科创企业高质量发展。2022年芜湖市两级法院聚焦芜湖首位产业汽车、材料、电子电器、电线电缆等四大支柱产业，机器人、航空航天等新兴产业，细化了28项司法行为正负面清单，落实20项司法服务举措。

（三）守护生态环境，共建绿色未来

司法保护在生态环境保护中占据着重要地位，环境资源审判工作是推动美丽中国建设和绿色发展、助力建设人与自然和谐共生的中国式现代化的关键举措。2022年，全省法院在守护生态环境方面成绩斐然。

——积极受理、审结各类环境资源案件。2022年，全省法院共受理各类环境资源案件15275件，审结14661件。其中，审结污染环境、破坏生态资源的刑事案件1051件，有力维护了国家生态环境和自然资源安全。审结环境资源民事案件11202件，涉案金额29.61亿元，贯彻损害担责、全面赔偿原则，探索适用惩罚性赔偿，依法追究了污染环境、破坏生态行为人的民事责任。审结环境资源行政案件2408件，发挥了行政审判预防与监督功能，支持、监督行政机关依法及时履行监管职责，引导行政相对人遵守环境资源保护法律法规。审结环境公益诉讼和生态环境损害赔偿案件311件，切实维护了国家利益、社会公共利益和人民群众环境权益。

——不断探索司法协作与多元共治做法。认真履行《长三角地区人民法院环境资源司法协作框架协议》，服务保障长

三角一体化发展。2022年11月17日，苏皖法院举行首次跨省生态环境修复资金移交仪式，江苏法院将执行到位的1850094.66元生态环境损害赔偿金移交环境受损地铜陵，用于生态环境修复工作。另外，省高院与省检察院、省公安厅、省生态环境厅等部门构建环境保护协作联动机制，促进形成行政主导、司法保障、社会协同、多元并举的生态环境治理保护体系。

四、践行司法为民宗旨

2022年，安徽省各级法院坚持以人民为中心的发展思想，深入贯彻习近平法治思想，紧紧围绕“努力让人民群众在每一个司法案件中感受到公平正义”的目标，扎实落实司法为民的各项举措，为全省经济社会高质量发展提供了坚实的法治保障。

——注重民生案件办理。2022年，全年共审结劳动争议、医疗损害赔偿、交通事故人身伤害等民生类民事案件超过十万件，同比增长10%以上。其中劳动争议方面，全年审结案件达3.5万件，同比增长12%；医疗损害赔偿案件审结数量为1.8万件，同比增长10.5%；交通事故人身伤害案件审结4.7万件，同比增长11%。彰显了司法为民的坚定决心，为社会的和谐稳定筑牢了坚实的法治防线。

——设立民生案件绿色通道。全省各级法院深切洞察民生诉求，积极响应司法为民理念，专门设立了民生案件绿色通道，旨在解决群众在司法程序中可能面临的烦琐流程和时间损耗问题。对于符合立案条件的民生案件，各级法院秉持高效原则，做到当日立案。完成立案后，当日便将案件移送至审判庭，减少中间流转的时间成本。在排期开庭审理环节，这类案件被赋予优先地位，优先安排开庭时间，大大缩短了案件办理周期。

——推出巡回法庭模式。为了更好地服务偏远地区当事人，一些基层法院推出了巡回法庭模式，法官们深入乡村社区、田间地头现场办案，让老百姓在家门口就能享受到便捷高效的司法服务。这既节省了诉讼成本，又让老百姓感受到了司法的关怀，增强了群众对法律的信任和尊重，为偏远地区的法治建设和社会和谐稳定奠定了坚实基础，成为司法为民的生动实践。

——积极开展法律援助。针对部分经济困难无力聘请律师的当事人，各地法院积极协调法律援助机构提供免费代理。法律援助覆盖面广，从民事纠纷中的当事人，到刑事案件中的犯罪嫌疑人。在具体工作开展过程中，法院工作人员认真审核当事人提交的经济困难证明等材料，快速将符合条件的案件转介至法律援助机构。这既让经济困难群体感受到了法律的公平与正义，也提升了社会对法治的认同感，推动了法治社会的建设进程。

——注重以案普法教育。省高院定期发布典型案例，以案说法，开展法治宣传教育活动，引导社会各界正确看待和处理纠纷，树立正确的法治观念。例如，合肥市中级人民法院成功审结了一起涉及数百名农民工工资的集体劳动争议案件。面对复杂的案情和紧迫的时间要求，法院迅速启动应急响应机制，联合劳动监察部门、工会等多方力量，加班加点进行调解和审理工作。最终，法院依法裁定企业支付拖欠的工资及补偿金共计300余万元，及时解决了农民工的实际困难，赢得了社会各界的一致好评。

——强化民生案件执行。全省各级法院在拖欠企业债务、涉民生（如涉农民工工资）、涉疫情防控等重点案件上，坚持分类管理，建立专门台账，全力实际执结、实际化解，以重点案件的突破带动整体执行质效的提升。省高院还与省人社厅等单位联合出台《关于印发〈建立健全根治拖欠农民工工资工作协调联动十项机制实施方案〉的通知》，印发《安徽法院集中整治拖欠农民工工资问题专项行动工作方案》等，全省法院共执结农民工工资案件1.948万件，执行到位金额3.59亿元。

——完善诉讼服务体系建设。为了更好地满足人民群众日益增长的多元司法需求，安徽省各级法院不断创新和完善诉讼服务体系，致力于打造一个更加便捷、高效、人性化的司法服务平台。全省法院大力推进一站式多元解纷机制建设，大力推广“互联网+”模式，构建起覆盖全面、功能完备的在线诉讼服务体系。当事人可以通过网上立案系统提交案件材料，享受从咨询、立案、缴费、调解直至开庭审理的一站式服务。实现了从立案、调解到审判全流程在线办理，极大地方便了当事人参与诉讼活动，显著提升了司法服务的质量和效率。

——优化民事纠纷调解机制。全省各级法院积极探索特色调解品牌，如阜阳市界首市人民法院的“小板凳流动法官工作室”，将普法宣传、诉前调解等多项功能融为一体，深受基层群众欢迎。淮南市中级人民法院诉讼服务中心以信息化建设为支撑，建立了涵盖171个单位的在线调解平台，形成了“总对总”委派调解机制。2022年，通过这一平台共委派调解案件4090件，成功调解2333件，调解成功率超过57%，有效缓解了法院办案压力，同时也为当事人节省了大量时间和成本。

五、深化司法体制改革

全省法院不断创新和完善司法体制，让司法权力运行机制更加权责明晰，确保审判机关依法独立公正行使审判权，同时为人民群众提供公正、便利的司法服务。

——深化司法责任改革。2022年，全省法院系统进一步压实了院庭长的监管职责，确保将涉及群体性纠纷、可能影响社会稳定、疑难复杂及新类型案件等“四类案件”纳入重点监管范围，并将“四类案件”进一步细化为26种类型，根据不同需要制定个案监管范围，开发监管模块，实现个案监管公开透明、全程留痕。为了更好地落实司法责任制，全省法院系统全面取消“逐层审批”案件审理模式，充分发挥法官在办案工作中的基础性作用，明确了法定审判组织（如独任庭、合议庭）的办案主体地位，形成了“谁审理、谁裁判、谁负责”的原则。通过明确院庭长的监督责任，不仅强化了对这些敏感和重大案件的管理，而且促进了审判团队内部的责任感与活力。

——优化审判机制措施。安徽法院坚持全面深化司法改革，通过不断优化审判机制措施，持续提升司法公信力和群众满意度。为解决“举证难、周期长、赔偿低”难题，安徽法院完善了简案快审机制，缩短了审理周期，并且降低了当事人的取证难度。合肥知识产权法庭还引入了技术调查官或智库专家来帮助查明技术事实，不断探索新的方法以提高审判质量和效率。各地法院还积极构建科学高效的案件分流机制，实行繁案精办细办，简案简办快办，创建繁简分流和速裁案件办理平台，建立科学的案件繁简识别标准和分流规则，有效提升了审判质效。亳州市中级人民法院通过区分审判核心工作和事务性工作，建立了速裁快审团队职责清单，明确了成员的具体职责分工，实现了“团队作战”效益的最大化。

——加快智慧法院建设。全省法院系统积极引入先进的信息技术，构建全方位的信息资源体系和服务平台，如大数据、人工智能等，来支持司法活动。在线诉讼服务平台的搭建，使得当事人可以更加便捷地参与诉讼过程，减少了时间和空间上的限制。智能辅助办案系统的开发也为法官提供了更为精准的支持，类案推送功能帮助法官找到相似案例作为参考，帮助他们更高效地处理案件。此外，安徽法院还探索了5G技术的应用，实现了低时延、高安全性的移动化执行新模式，开启了智能管理、跨界融合、高效便捷的在线执行新篇章。通过语音识别技术将庭审记录自动转化为文本，减轻书记员的工作量，推进电子卷宗随案同步生成及深度应用。安徽法院已经能够实现电子卷宗文档化、数据化、结构化处理，支持法官复用卷宗文字，智能辅助生成法律文书等功能。

六、队伍建设与廉政建设

2022年，安徽法院坚持以符合司法规律的审判管理带动人员管理，一体推进队伍的政治素质、业务素质和职业道德素质建设，力求锻造出一支政治坚定、顾全大局、精通法律、熟悉技术且具有国际视野的专业化审判团队。

——强化思想政治教育。安徽省各级法院深入贯彻全面从严治党的要求，严格落实党风廉政建设“两个责任”，将党风廉政建设与审判业务同谋划、同部署、同落实，积极构建风清气正的良好政治生态。例如，2022年安庆市大观区法院党组多次专题研究部署党风廉政建设和反腐败工作，通过观看警示教育片、聆听廉政课讲座等多种形式，积极开展廉洁司法警示教育活动，加大日常检查力度，规范司法权力运行，不断擦亮队伍廉洁底色。此外，安徽省高级人民法院还特别强调了对重点领域、重点对象的关注，持续保持高压态势，依法严惩司法腐败和腐败犯罪，确保全省法院的安全稳定，组织全员政治轮训，弘扬新时代人民法院文化，树立忠诚干净担当的良好形象。

——严肃纪律作风。2022年，安徽省法院系统全面落实党风廉政建设责任制，将党风廉政建设和反腐败工作作为一项重要政治任务来抓，确保责任落实到位。全省法院严格执行防止干预司法的“三个规定”，强化了对干预司法行为的预防和惩治。省高院党组高度重视“三个规定”的贯彻落实情况，不仅将其纳入对单位、部门和个人的考核评价体系，还结合司法巡查、审务督察等方式，加强对下级法院执行情况的监督。同时，为了提高全体干警主动接受监督的意识，省高院组织开展了多次专题培训和集中约谈活动，教育引导干警增强自觉遵守规定的意识，并推动形成“有问必录、应报尽报”的良好氛围。对于违反纪律作风要求的行为，坚持依规依纪依法严肃处理，绝不姑息迁就。例如，针对违纪违法问题，采取零容忍态度，及时启动调查程序，严格按照党纪国法给予相应处分；对于存在苗头性、倾向性的问题，则通过谈话提醒、批评教育等形式早发现、早纠正，防止小错酿成大祸。

七、接受监督与改进工作

全省法院系统在党的坚强领导下，深刻认识到监督是提升司法公正性和透明度的重要手段，也是促进自身不断进步的动力源泉。通过一系列举措，强化了对内对外的多层次监督机制，确保了司法权始终在阳光下运行。

——自觉接受人大及其常委会监督。安徽省各级法院不仅自觉接受来自同级人大及其常委会的法律监督和社会各界的广泛监督，并注重加强与人大代表、政协委员的沟通联系。例如，省高院根据“分级分片、上下联动”原则，由省高院领导和各中基层法院院长结合代表的职业背景、关注领域以及履职需求，与其建立“一对一”定向联络机制。此外，还开展了“全国人大代表集中联络月”活动，实现了与在皖全国人大代表联络全覆盖。

——加强构建多元监督机制。为进一步拓宽监督渠道，安徽省部分中级人民法院将外部监督力量引入内部监督工作之中，从社会上聘任特约监督员，着力构建多元监督机制。如六安中院聘任了32名特约监督员，这是安徽省各级人民法院深入贯彻落实习近平新时代中国特色社会主义思想，自觉接受各级人大及其常委会的法律监督和社会各界的广泛监督、践行全过程人民民主的一项重要举措。此外，2022年淮南市大通区人民法院参照《安徽省人民监督员选任管理规定》，细化本院监督员履职细则，明确规定了监督员可以采取召开座谈会、送发征求意见函、登门征求意见等多种方式及时反映审判工作中存在的问题，提出批评意见和建议。该制度还强调，法院纪检监察部门负责与执法执纪监督员保持经常联系，确保对监督员反映的情况及时核查、处理，并将查处情况及时反馈给监督员。如有本地区重大影响案件，法院还会邀请执法执纪监督员参加庭审旁听，以便对案件审理过程进行监督。

检察工作

2022年是党的二十大胜利召开之年，也是全面贯彻落实《中共中央关于加强新时代检察机关法律监督工作的意见》的开局之年。安徽省各级检察机关在省委的坚强领导下，坚持以习近平新时代中国特色社会主义思想为指导，深入贯彻习近平法治思想，紧紧围绕服务保障党的二十大胜利召开这条主线，以打造“精致检察”为目标，全面落实《中共中央关于加强新时代检察机关法律监督工作的意见》及《中共安徽省委关于加强新时代检察机关法律监督工作的实施意见》，不断提升新时代法律监督能力水平，推动全省检察业务提质增效、队伍面貌焕然一新。

一、确保检察工作在党的领导下稳步前行

安徽省检察机关深入贯彻习近平新时代中国特色社会主义思想，强化政治建设，确保检察工作在正确的政治方向上行稳致远。全省检察机关坚持党对检察工作的绝对领导，增强“四个意识”，坚定“四个自信”，做到“两个维护”，以党的政治建设为统领，全面落实党中央和最高检的决策部署，努力推动检察工作高质量发展，为建设更高水平的平安中国、法治中国贡献安徽力量。

——淬炼绝对忠诚的政治品格。时刻铸牢对党忠诚，坚

持政治建设统领，把学习宣传贯彻党的二十大精神作为首要政治任务，精心组织党组领学、支部共学、干警自学、载体活学、日常督学、考核促学，强化理论武装和思想引领，不断提高政治判断力、政治领悟力、政治执行力。如安徽省检察机关深入开展习近平新时代中国特色社会主义思想大学习、大研讨、大培训活动，引导广大检察人员深刻领悟“两个确立”的决定性意义，切实增强全体检察人员胸怀“两个大局”、牢记“国之大者”的思想自觉、行动自觉。

——增强守初心担使命的政治自觉。省检察院认真开展“不忘初心、牢记使命”主题教育、党史学习教育，率先在全国建成检察红色教育展馆，广泛弘扬英模精神，一批既有“底色”、更有“亮色”的检察英模走入大众视野。

——坚持党对检察工作的绝对领导。深入贯彻《中共中央关于加强新时代检察机关法律监督工作的意见》《中共安徽省委关于加强新时代检察机关法律监督工作的实施意见》，严格执行《中国共产党政法工作条例》和重大事项请示报告制度，配合省委政法委在全国率先制定实施《关于加强安徽省党委政法委员会执法监督与检察机关法律监督衔接工作的意见》，全面提升法律监督质效，切实增强监督合力。

——推动党建与业务工作深度融合。安徽省各级检察机关积极将党建活动与业务工作融合，如宣城市检察院坚持推动党建与业务工作深度融合，争创“先锋领航法耀检辉”党建品牌，在“双强”党支部建设中凸显政治担当。常态化开展“党员活动日”，成立党员先锋队，确定7名党性强、作风实的干警设立党员先锋岗责任人。疫情期间，全院党员干警舍小家为大家，常态化开展值守共计80人次，2名干警在疫情防控现场度过有意义的“政治生日”。

二、依法参加平安、法治安徽建设

2022年，全省政法机关坚持以习近平新时代中国特色社会主义思想为指导，常态化开展扫黑除恶、打击电信网络诈骗犯罪、打击整治养老诈骗、开展“江淮风暴执行攻坚”之优化营商环境专项行动、切实解决群众急难愁盼，深学笃行习近平法治思想，守正创新，担当作为，交出了平安安徽、法治安徽建设的高分答卷。

——坚决打击违法犯罪行为。树立总体国家安全观，依法打击各类犯罪行为，坚决维护国家政治安全，依法严惩颠覆国家政权、间谍等犯罪。全省检察机关时刻保持对故意杀人、抢劫、危害公共安全等严重暴力犯罪严厉打击的高压态势，2022年起诉14882人，批准逮捕各类犯罪嫌疑人122615人，提起公诉309645人。扎实开展常态化扫黑除恶斗争，起诉涉黑涉恶犯罪12300人、“保护伞”158人，坚守“是黑恶犯罪一个不放过，不是黑恶犯罪一个不凑数”的要求，高质量查办涉黑涉恶案件，严重暴力犯罪呈逐年下降趋势，人民群众安全感满意度持续上升。

针对电信网络、非法集资犯罪持续上升的严峻态势，检察机关加强与公安机关的合作，会同公安部门开展“断卡”和打击非法集资专项行动，起诉电信网络诈骗以及利用网络赌博、泄露个人信息等犯罪25966人，年均增长41.4%，共同处理涉及国家安全和社会稳定的案件，确保法律得到严格执行，促进指控证明涉众型犯罪与维护社会稳定有机统一。

——积极参与社会治理活动。为大局服务，为人民司法，是检察机关的职责使命。检察机关着力推进矛盾纠纷源头化解，用司法温度促进社会和谐。构建矛盾纠纷多元化解机制，搭建轻罪案件调解、和解平台，积极开展“民事检察和解专项工作”，促成刑事和解3997件，民事和解327件。亳州、安庆等地检察机关探索“检察+邻长”“三孝”调解等创新做法，打造化解矛盾纠纷“新样板”。

2022年2月，省检察院会同省政府建立“府检联动”工作机制，在联动中监督、在监督中联动，序时推进12个联动项目，提出纠正行政违法行为检察建议780件，助力法治国家、法治政府、法治社会一体建设，凝聚服务发展合力。黄山、铜陵、蚌埠等地检察机关依托“府检联动”机制，实施守护“山水人文之城”、助力农民工讨薪、构建“检察+审计”监督体系等联动项目，促进社会治理水平提升。

——正确适用宽严相济刑事司法政策。在保持对故意杀人、抢劫、危害公共安全等严重暴力犯罪的高压态势同时，落实少捕慎诉慎押刑事司法政策，不批捕43717人、不起诉45023人，同比分别增长27.9%、246%。深入开展羁押必要性审查，依法建议释放或变更强制措施5831人，诉前羁押率下降至21.4%，一审服判率持续提升。

三、聚焦经济社会高质量发展

通过优化营商环境、服务重大战略实施、促进美丽安徽建设等多方面努力，2022年安徽省不仅在稳定经济增长、提升经济质量效益上取得了显著成效，在推进城乡协调发展、增强公共服务供给能力等方面也迈出了坚实的步伐，为实现“十四五”规划目标任务奠定了良好的基础。同时，安徽省还特别注重生态环境保护与修复工作，努力实现经济发展与环境保护相协调，力求走出一条经济效益、社会效益和生态效益有机统一的发展新路子，致力于构建一个更加美丽和谐、充满活力的新安徽，实现让人民群众共享发展成果的美好愿景。

——助力打造一流法治化营商环境。制定实施《安徽省检察机关进一步改进工作作风打造一流法治化营商环境的实施意见》，落实“六稳”“六保”要求，起诉非法经营、强揽工程、欺行霸市等破坏市场经济秩序犯罪20644人。组织开展市场主体权益保护专项行动，监督纠正涉民企虚假诉讼1055件，督促清理“空壳公司”939家。创新开展企业家约见检察长、“检察官进企业百日体悟”活动，企业家约见检察长1369人次，派驻66名员额检察官进入企业。

——助力乡村发展与民生保障。在推进乡村振兴战略的过程中，安徽省检察机关一方面针对农村人居环境整治这一关键任务，积极作为，全年共办理相关公益诉讼案件1231件，有力促进了乡村生态环境的改善；另一方面，对于农民工权益保护问题也给予了高度关注，全年共支持农民工讨薪案件5929件，帮助众多劳动者追回了应得报酬，维护了社会稳定。此外，还通过开展法治宣传教育等多种形式的活动，提升了农民群众的法律意识和维权能力，为实现农业强、农村美、农民富的美好愿景奠定了坚实基础。

——助力绿色、美丽安徽建设。安徽省各级检察机关积极践行绿色发展理念，全方位助力美丽安徽建设。在生态环境司法保护领域，充分发挥检察职能，“零容忍”对待破坏生态环境的违法犯罪行为，严厉打击非法采矿、污染环境等犯罪活动，全年起诉相关犯罪嫌疑人421人，同比增长15%，有效遏制了生态环境违法犯罪的高发态势。同时，深入推进公益诉讼检察工作，围绕水污染、土壤污染等重点领域，立案办理生态环境和资源保护领域公益诉讼案件1760件，其中诉前程序案件1650件。通过诉前检察建议督促行政机关依法履职，促使350余处被污染的河流湖泊得到有效治理，约1800亩被破坏的耕地、林地得以恢复。此外，还加强与生态环境、自然资源等部门的协作配合，建立健全信息共享、线索移送、联合执法等长效机制，凝聚起生态环境保护的强大合力。

四、回应人民群众法治新期待

习近平总书记在党的二十大闭幕时再次强调，“一定要牢记江山就是人民、人民就是江山，践行全心全意为人民服务的根本宗旨”。一年来，安徽省检察机关始终坚持以人民为中心的发展思想，不断强化检察机关法律监督职能，紧紧抓住人民群众最关心最直接最现实的利益问题，一步一步推进，一个一个解决。扫黑除恶、群众信访“件件有回复”、虚假诉讼监督、公益诉讼检察、未成年人检察、司法救助等工作，都是安徽省检察机关深化为民司法的有效手段，为人民群众美好生活提供了坚实有力的法治保障。

——坚决守护人民群众生命健康安全。2022年，安徽省检察机关坚决贯彻落实党中央、国务院关于疫情防控和保障人民群众生命健康安全的各项决策部署，以实际行动筑牢了公共安全的坚固防线。在疫情防控的关键时期，安徽省检察机关迅速响应，主动作为，依法严厉打击各类涉疫违法犯罪行为。全年共起诉扰乱防疫秩序、妨害公务、造谣传谣等犯罪案件544人，有效维护了社会治安稳定和公共卫生安全。特别是在面对“零新增”不等于“零风险”的复杂形势时，全省检察机关始终保持高度警惕，持续强化对疫情防控相关法律问题的研究与指导，确保每一项执法活动都严格依法进行，为打赢疫情防控阻击战提供了坚实的法治保障。

——坚决守护人民群众食品安全。安徽省检察机关坚决守护人民群众生命健康安全，扎实开展食用农产品“治违禁、控残留、促提升”三年专项行动，依法起诉生产销售“毒禽肉”“假药”等犯罪1491人，提起危害食品药品安全公益诉讼735件，向违法行为人主张惩罚性赔偿金达18亿元。

——坚决守护特殊群体合法权益。2022年，安徽省检察机关在维护特殊群体合法权益方面采取了一系列积极措施，并取得了显著成效。一是切实维护农民工权益，安徽省检察机关持续开展“检察蓝”助力根治拖欠农民工工资问题专项行动，综合运用提供法律咨询、协助收集证据、提出支持起诉意见等手段，确保农民工能够及时获得应得的劳动报酬。二是加大对未成年人的保护力度，对于主观恶性大、手段残忍、后果严重的未成年罪犯，依法予以惩治；而对于初犯、偶犯且情节较轻的未成年人，则采取教育为主的原则。三是关注妇女及老年人权益，聚焦重点人群面临的突出民生问题，深化特定群体权益保障。四是支持残疾人及其他弱势群体，安徽省检察机关会同相关部门共同致力于维护包括残疾人在内的各种特殊群体的合法权益。五是加大司法救助力度，拓宽司法救济渠道，确保困难群众得到及时有效的帮助。

五、强化法律监督

磨砺法律监督之剑，是检察机关不断满足人民群众对法治新期待新要求的迫切需要。2022年，全省检察机关深入贯彻习近平新时代中国特色社会主义思想，全面落实《中共中央关于加强新时代检察机关法律监督工作的意见》，通过强化法律监督职能，提升监督的质量和效果，致力于办好每一个案件，积极回应人民群众对法治、公正的新期盼，为安徽省的社会经济发展提供了坚实的法治保障。

——专项监督护民生。省检察院于2022年4月至12月在全省检察机关开展守护“夕阳红”、守护“半边天”、助力根治欠薪、市场主体权益保护以及“空壳公司”清理等五个专项监督活动。在守护“夕阳红”专项监督活动中，安徽检察机关聚焦农村老人赡养、医疗服务、养老金及补贴发放，敬老院、福利院、老年公寓等养老机构规范设立和安全运行，以及老年人保健品投资市场等侵害老年人合法权益的重点领域，在监督办案中督促相关部门协同履职，探索建立健全老年人权益保障联动机制。各地结合本地实际，积极开展富有地方特色的“小专项”，从而在全省铺开形成5（专项监督）+N（各地富有特色的系列“小专项”）活动。在专项监督活动中，各地综合运用监督纠正、调查核实、公开听证、领导包案等措施，依法办理了一批质量高、效果好，有纠偏、示范、引领价值的典型案件，实质性化解一批持续时间长、化解难度大的行政争议。

——强化刑事审判监督。在刑事审判监督方面，秉持公正司法原则，对认为确有错误的刑事裁判提出抗诉2376件，抗诉采纳率从34.2%提升至73.9%，有力维护了司法公正。全面加强刑事执行监督，书面监督纠正不当减刑、假释、暂予监外执行12307人，确保刑罚执行的准确与严肃。

——强化民事审判监督。2022年，安徽省检察机关共受理民事监督案件35386件，年均增长26.3%。秉持精准监督理念，对认为确有错误的民事生效裁判提出抗诉2724件，提出再审检察建议3331件。开展虚假诉讼专项监督，制发全国首例省级层面防治虚假诉讼检察建议。助力解决“执行难”问题，对执行活动中的违法情形提出检察建议8262件。如淮南市检察机关2022年共受理各类民事检察案件736件，审结后提出监督意见410件，受案数和监督案件数同比分别增长78.6%和136%。更好统筹“有数量的质量”和“有质量的数量”，以强作风、重落实、提效能为导向，开展民事检察“质量建设年”活动，持续规范办案程序、提升监督刚性，实现监督质效与监督规模同步提升。2022年，民事抗诉案件再审改变率100%，再审检察建议采纳率97.3%，提出审判程序违法监督、执行监督检察建议采纳率均达到100%。

——强化行政审判监督。2022年，全省检察机关共受理行政监督案件13760件，对认为确有错误的行政判决、裁定提出抗诉129件，同比增长200%。常态化推进行政争议实质性化解，促进案结事了政和，化解行政争议案件1834件。组织开展土地执法领域行政非诉执行监督专项活动，向法院和行政机关提出检察建议2840件，被采纳2752件，涉及土地面积1500余亩。

——强化公共利益保护。2022年，安徽省检察机关共办理公益诉讼案件27161件，办案量年均增长22.8%。围绕“4+9”法定办案领域，组织开展保护长江“母亲河”、城乡“微环境”治理、红色资源保护等专项行动。积极、稳妥拓展办案范围，办理公共卫生、大数据安全、文物和文化遗产保护等新领域案件6579件，省检察院向省文旅厅制发全国首个革命文物保护检察建议。积极开展代表建议、政协提案与公益诉讼检察建议衔接转化试点工作，摸排公益诉讼问题线索1613条，立案1188件，走在全国前列。此外，安徽省各地检察院积极稳妥拓展办案范围。其中，马鞍山、宿州、淮南等地检察机关办理了一批不规范养犬、“飞线充电”、加油站支付扫码等群众身边的“小案”。

——强化职务犯罪检察和检察侦查。主动构建监察调查与刑事司法衔接机制，受理安徽省监察委员会移送职务犯罪3827人，起诉3184人。坚持全链条惩治腐败行为，起诉行贿犯罪341人，起诉涉贪污贿赂类洗钱犯罪44人。严惩司法工作人员职务犯罪，直接立案查办司法工作人员利用职权实施的侵犯公民权利、损害司法公正犯罪209人。

六、扎实推动检察机关自身发展

2022年，全省检察机关坚决贯彻落实最高检“四大检察”全面协调发展的要求，深刻把握民法典核心价值理念，忠实履行宪法法律赋予的职责，持续加大民事检察工作力度，切实维护司法公正，有效保障人民群众合法权益，努力为全省经济社会高质量发展提供有力司法保障。

——夯实基层基础。强力推进基层检察院建设，项目化推进指导帮扶工作。大力推进品牌创建，突出“一院一品”建设。强化队伍素能建设，制定实施检察业务专家培养方案，建立“双跨”办案团队，统筹推进专家授课、业务竞赛、岗位练兵等活动，加快业务骨干、领军人物培养。

——主动接受监督。扎实做好“四员”(检察官作为服务员、宣传员、联络员、矛盾化解员)工作，主动接受监督，争取广泛支持，推进司法民主化进程。深化检务公开，让检察权在阳光下运行，增强执法办案透明度，拓宽人民群众、代表委员了解检察工作的渠道。切实扛起管党治党主体责任，积极开展政治监督谈话，扎实开展“五聚焦五查找”作风建设集中整治活动。自觉接受纪检监察监督，会同驻院纪检监察组定期会商分析全面从严治党形势。狠抓防止干预司法“三个规定”落实。常态化开展正风肃纪警示教育，教育引导检察人员知敬畏、存戒惧、守底线。2022年，安徽省检察系统综合运用请进来、讲出去、网上晒等多种方式，持续深化检务公开，多角度、多维度主动接受社会监督，检务公开透明度走在全国检察系统前列。

司法行政工作

2022年是党的二十大召开之年，是全面落实安徽省第十一次党代会精神、加快建设现代化美好安徽的重要一年。安徽省司法行政系统坚持以习近平新时代中国特色社会主义思想为指导，深入贯彻习近平法治思想，改进调查研究工作，强化问题导向，一体推进司法行政相关改革任务落地落实。

一、深化矫治体系建设

安徽省司法行政系统坚定正确发展方向，强化理论武装，提高政治能力，不断深化矫治体系建设，为全省经济社会发展提供坚强法治保障，推动全面依法治省和司法行政工作高质量发展。

（一）监狱工作稳步向前

2022年，安徽省监狱管理局深入学习领会党的十九届六中全会和党的二十大精神，做到重点任务与履行主责主业两手硬、双提升，保障全局工作高质量发展。

——创新构建联勤联席指挥运行体系。安徽监狱系统在省司法厅党委统一部署推进下，按照实体化、实战化、信息化建设要求，以服务监狱安全稳定为目标，构建厅局、监狱和监区三级联勤联席运行机制，推动警务勤务模式改革，提升了监狱治理体系和治理能力现代化水平。

——推动助力乡村振兴工作。如合肥监狱认真履行职责要求，创新形式、内容和机制，通过党建共建和结对帮扶，助力实现乡村振兴。监狱机关第一党支部与临泉县长官镇蕴华村党支部结对共建，努力形成以城带乡、优势互补、资源共享、协同发展的城乡统筹的基层党建工作新格局，以典型带全面，以先进推后进，全力助推乡村振兴。监狱结合自身条件，加大帮扶力度，壮大村集体经济收入，并从解决群众最迫切的突出问题入手，激发乡村经济的内在活力。监狱定期组织青年民警入村开展志愿活动，进行常用法律知识和反电信诈骗等知识宣讲，提升村民法律意识。

——推动台账电子化全流程应用。如合肥监狱一直视规范执法为“生命线”，深入推进台账电子化全流程、全领域应用，运用物联网、移动警务等技术，结合电子签章使用，建立电子台账标准化管理运行体系，努力让民警执法执勤数据集成共享，在解决线上线下“两张皮”的同时，推动民警履职规范化和管理精细化。

（二）禁毒工作有序开展

安徽省司法行政系统坚持以习近平新时代中国特色社会主义思想为指导，认真学习贯彻习近平法治思想，准确判断当前形势，牢牢把握职责使命，把推进当前任务与谋划未来发展相结合，统一思想、坚定信心，奋力开创全省司法行政戒毒系统资源整合和转型发展新局面。

——开展吸毒人员摸排专项行动。安徽省戒毒局联合省禁毒办开展吸毒人员摸排专项行动，共选派33名戒毒民警分赴16个地市驻点开展督导调研。各派驻小组在省禁毒办统筹指导下，在省局统一调度下，创新工作举措，持续奋战一线，累计征集有效调查问卷8万余份，对社会面中高风险吸毒人员、病残吸毒人员强化重点管控，对社区戒毒、社区康复人员开展面谈教育，对社会面吸毒人员管控情况进行督导抽查。

——开展禁毒戒毒法治宣传教育活动。安徽省公安厅禁毒总队联合省司法厅戒毒管理局举办“珍爱生命 远离毒品”——安徽省禁毒戒毒法治宣传教育主题展。全省司法行政戒毒系统树牢“大禁毒”“大戒毒”理念，巩固深化戒毒工作主责主业，增强融合发展战略思维，坚定“智慧戒毒”实践路径，把握社会延伸突破方向，全力推动安徽戒毒实现更高质量和更为安全的发展。

——做实做优戒毒系统“四融合”工作。坚持“开门办戒毒”，着力在思想认识上深度融合；搭建沟通交流平台，着力在联动机制上全面融合；拓展社会延伸路径，着力在协同治理上有机融合；聚力优质帮教资源，着力在专业指导上科学融合。严格落实安徽省戒毒管理局《关于加强全省戒毒场所社区戒毒社区康复指导和支持工作的意见》，在各地建立指导站22个，对社区戒毒社区康复进行专业指导和帮扶支持。

——强化“四抓”树新风。安徽省通过抓学习调研、抓警容风纪、抓工作部署、抓勤政为民，切实提升工作效能，推动戒毒工作高质量发展。安徽省戒毒管理局认真谋划2022年度重点工作并进行任务分工，组织开展综合调研工作，分四个调研组分别赴全省各戒毒单位调研督导全国两会、党的二十大维稳安保活动的谋划和部署工作，督查检查监管安全、疫情防控、生产安全、科学戒治等工作。

——推动戒毒教育工作。安徽省女子强制隔离戒毒所理论研究课题《司法行政系统应对戒毒人员数量急剧下降的对策分析》获部局立项，有步骤地开展课题研究，形成有价值、高质量、可推广的研究成果，为提高司法行政戒毒工作规范化、科学化、现代化水平提供理论支撑。南湖强制隔离戒毒所作为安徽省唯一收治艾滋病戒毒人员的戒毒场所，连续13年实现安全稳定。深入开展禁毒防艾宣传活动，央视社会与法频道《热线12》栏目与司法部联合策划推出的“司法行政先进模范”节目聚焦报道南湖所民警金云海先进事迹。金云海同志13年来坚守艾滋病专管工作，教育转化410多名艾滋病戒毒人员，充分展现戒毒人民警察的担当情怀和勇毅品质。

（三）社区矫正工作稳步推进

安徽省召开专门会议，部署在新的起点上推动全省社区矫正工作高质量发展。

——社区矫正委员会实现全覆盖。截至2022年底，安徽省实现了省市县乡四级社区矫正委员会全覆盖，为社区矫正工作的统筹协调和整体推进提供了有力的组织保障。15个市、84个县（市、区）依法设置了具有独立执法资格的社区矫正机构，进一步强化了社区矫正的执法主体地位。在蚌埠、滁州等8个市的19个县区开展“队建制”试点，以乡镇（街道）为区域，划片设置社区矫正中队，由县级社区矫正机构直接管理，形成了县级机构全面指导、中队承担主要监管和执法职能、司法所协助的工作格局，有效提升了社区矫正工作的专业化、规范化水平。

——风险防控能力不断强化。建立省级机构每半年、市级每季度、县级每月和司法所每周的矫情分析会议制度，全面掌控社区矫正情况，及时发现和化解安全隐患。2022年，全省各级召开矫情分析会议18236场次，发现并整改重大安全隐患74个，有力提升了预测预警预防能力。

——日常监管日益严格。充分运用信息化手段，加强对社区矫正对象的实时监管。全省社区矫正对象手机定位核查率达到99%以上，有效防止了脱管漏管现象的发生。同时，严格落实外出审批、请销假、定期报告等制度，着力强化对社区矫正对象的日常管理和监督。

——适时开展专项行动。组织开展“抓管理防风险保安全护航党的二十大”专项活动、社区矫正隐患排查整治专项行动等，对社区矫正工作进行全面排查和整治，确保了党的二十大期间社会秩序安全稳定。

——有效开展分类教育。根据社区矫正对象的犯罪类型、心理特点、社会需求等因素，制定个性化的教育矫正方案，开展分类教育。2022年，全省共开展集中教育66.4万次、公益活动56万次、个别谈话25.8万次、心理辅导7.6万次，有效提升了社区矫正对象的教育矫正效果。

——积极落实帮扶措施。积极协调民政、人社、教育等部门，为社区矫正对象提供就业指导、技能培训、社会救助等帮扶服务，帮助他们解决实际困难，顺利融入社会。2022年，全省落实低保134人次、社会保险830人次、临时性救助386人次，7000余人免费参加安徽省政府组织的职业技能培训项目。

——不断加强心理矫治。建立健全社区矫正心理矫治工作机制，配备专业心理咨询师，为社区矫正对象提供心理评估、心理咨询和心理治疗等服务。全省各地结合实际，多次开展心理矫治服务，有效帮助社区矫正对象缓解心理压力，消除心理障碍，增强自我认知和社会适应能力。

——不断加强“智慧矫正”建设。按照司法部“数字法治、智慧司法”建设要求，大力推进“智慧矫正”中心建设。截至2022年底，全省已建成省级“智慧矫正”中心1个、市级“智慧矫正”中心16个、县级“智慧矫正”中心86个。通过“智慧矫正”系统，实现了社区矫正工作的信息化、智能化管理，为社区矫正工作提供了有力的技术支撑，有效提高了工作效率和质量。

——注重岗位技能培训。制定年度培训计划，通过举办培训班、专题讲座、在线学习等方式，加强对社区矫正工作人员的业务培训。组织全省社区矫正工作者参与岗位技能比武，5000多人从“法律知识测试、案例发布、档案建立、讲评教育、实务处置”等五个方面参与竞赛，采取业务知识测试、编写案例、制作档案、现场讲评、模拟情景处置等形式，突出“教、学、练、战、考、用”一体化实战实训，有效提升了社区矫正队伍的业务能力和水平。

——不断深化区域协作。持续推进长三角社区矫正监管教育协作，与浙江省司法厅共同举办“毗邻共建·五联助矫”区域合作仪式，进一步深化两省共建成果。宣城市7个县区、滁州市5个县区，与浙江和江苏接边县区建立了监管协作机制，打通了区域接边地区社区矫正工作的堵点和难点，为跨区域社区矫正对象的管理和服务提供了有力保障。

（四）坚持常态化扫黑除恶斗争

2022年是常态化扫黑除恶斗争纵深推进的关键一年，安徽省各级各有关部门认真落实全国扫黑办“十件实事”和省委工作要求，推深做实《中华人民共和国反有组织犯罪法》宣传贯彻工作，常态化开展扫黑除恶斗争，有效带动了社会治安情况持续好转。

——扫黑清财并行。安徽省扫黑办将线索直核深挖作为常态化扫黑除恶斗争重要牵引，严格落实“一件一督办”，先后向8个市发出31份督办单。同时，建立健全“厅级领导包案领办、部门下沉会商督办、市级专班提级核办、公安纪检联合查办”四项机制。先后挂牌督办17件重大涉黑涉恶案件，向10个省辖市发出督办单。安徽省高级人民法院依托“江淮风暴”执行长效机制，执行到位涉黑涉恶涉案财产16.01亿元，到位率94.57%。

——补齐短板弱项。安徽省扫黑办在推进依法严惩黑恶犯罪的同时，深入开展打击农村地区黑恶犯罪“铁拳行动”，打掉农村地区黑恶犯罪团伙39个。2022年度，安徽省纪检监察机关、法院系统、检察系统、公安机关累计发出涉黑涉恶案件“三书一函”626份，完成整改592份，整改率达94.57%。安徽省交通运输厅部署开展集中整治道路运输违法行为“春雷行动”，高速公路超限超载率趋近于零。安徽省公安机关部署开展夏季治安打击整治“百日行动”，全面梳理2022年全省立案侦办的聚众斗殴、故意伤害、寻衅滋事、非法拘禁4类案件，启动侦办涉恶案件11起。全省公安机关破获寻衅滋事、聚众斗殴等涉恶九类案件6489起，破案5984

起，刑拘犯罪嫌疑人15012人。

——创新工作机制。安徽省扫黑办在常态化扫黑除恶斗争中积极作为，成效显著。在规范工作流程与强化沟通汇报方面，研究制定了向全国扫黑办、省委请示报告“双清单”，使工作汇报与沟通更加规范有序。在提升线索核查水平上，印发直核深挖指引，并提炼推广“五查四问三调”工作法，为各地线索核查工作提供了有力指导，有效提升了线索核查的质量与效率。在案件协同办理与监督机制建设领域，出台重大涉黑涉恶案件“一案三通报”协同联动工作机制，建立在押犯罪嫌疑人移送前“腐伞网”谈话制度，将“一案三查”“两个一律”予以制度化、规范化，进一步完善了案件办理过程中的协同与监督体系。同时，建立省级督导专员制度，出台特派督导工作办法，充分发挥特派督导作用，有效增强了发现问题、解决问题的能力。在机构建设与保障方面，全省16个省辖市均在市委政法委获批成立扫黑除恶内设机构，进一步强化了组织保障，为常态化扫黑除恶工作的高质量推进奠定了坚实基础。

二、推进公共法律服务建设

公共法律服务，是法治政府服务为民的具体体现，是全面依法治国基本方略的重要组成部分。在新时代的法治中国建设进程中，公共法律服务作为保障人民权益、维护社会公平正义的重要基石，正日益展现出其不可或缺的价值与力量。2022年，安徽省司法行政系统着力加强公共法律服务实体平台、热线平台、网络平台建设，推动线上线下融合互通，打造“一站式”综合法律服务模式。同时，深化律师、公证、法律援助、人民调解等法律服务制度改革，提升服务质量和效率。

——12348公共法律服务热线成果显著。由于安徽省司法厅对服务模式的持续优化和监督力度的强化，获得了一系列成果。2022年度，安徽省12348公共法律服务热线共完成咨询话务719478个，有效接听687385个，接听率95.54%，满意率99.88%，质检率5.10%，不满意电话回访率100%。单月话务量最高达6.9万通创历史新高。群众来电咨询民事案件类问题最多，占比71.0%，其次是司法行政指引业务，占比19.7%。安徽省12348公共法律服务热线平台话务量趋于年度70万通高位稳定态势，省法律援助部门将实施精细化监管，创新运营服务模式，着力打造12348热线省级统筹运营样板，走在全国前列。

——完善法律服务规范体系。2022年8月3日，安徽省司法厅印发《市、县（市、区）公共法律服务中心服务规范》和《乡镇（街道）公共法律服务工作站服务规范》，分别对市、县（市、区）公共法律服务中心和乡镇（街道）公共法律服务工作站的功能设置、平台建设、岗位职责、服务要求、内部管理、投诉处理、评价改进等方面作出具体规范，致力于提升公共法律服务的质量与效率，为民众提供更优质、便捷、高效的法律服务。

——推动公共法律服务全覆盖。2022年，安徽省各地积极推动公共法律服务全覆盖，取得良好成绩。如蚌埠市8个法律援助中心、139个法律援助工作站、949个法律援助联系点基本实现“半小时法律援助工作圈”。淮南市基本构建覆盖全业务全时空的市县乡村四级公共法律服务体系，公共法律服务群众满意率100%（基于有效样本统计）。一是推线上服务。建成12348安徽法网淮南分站，法律服务机构开通店铺188个、上架法律服务产品1054个、发布各类案例141件、受理网上预约1352件，为群众提供“淘宝式”法律服务。二是推线下服务。推动公共法律服务全面下沉，400余名法律服务人员担任1106个村（居）法律顾问，月均提供免费服务5小时以上，提出法律意见2600余条、解答法律咨询3万余人次。三是推标准服务。严格执行《淮南市法律援助案件质量监督评查办法》，严格落实“一卷一评、每卷必评”评查制度，有效地提升法律援助案件办案质量，让受援人得到更加优质高效的法律援助服务。各级法律援助机构还不断深化便民举措，畅通申请渠道，通过推出“掌上”服务、提前介入服务，为困难群众提供便捷优质的法律援助。

——打造线上线下智慧平台。安徽省各地积极打造线上线下智慧平台，致力于提升公共法律服务水平。以马鞍山市为例，为实现一站式法律服务，全力建设线上线下一体化公共法律服务平台，扎实推进市、县、镇、村四级公共法律服务中心（站）建设。逐步构建起以市级中心为主渠道、县（区）级中心为枢纽、乡镇（街道）工作站为支撑、村（居）工作室为基点的四级体系。通过整合各类法律服务资源，打造综合性、一站式服务窗口，使法律咨询、法律援助、人民调解等服务集中进驻。同时，依托12348安徽公共法律服务网等平台，融合实体、热线、网络平台优势，建成集电话热线、网站、微信、移动客户端于一体的服务体系，实现线上线下服务深度融合。再以蚌埠市为例，该市积极整合法律资源，凭借智能化信息技术创新公共法律服务模式。固镇县引入公共法律服务智能终端，五河县为县级及部分乡镇公共法律服务站点配备法律服务机器人，融入智能咨询等多项功能，并实现偏远乡镇智能终端全覆盖。对接“皖事通”平台，推行“掌上办”“指尖办”，网络平台已累计处理4104件预约服务事项，让群众畅享普惠均等的优质服务。

——协调律师行业提供优质服务。安徽省各级司法行政部门积极协调律师行业服务企业，为企业提供优质服务。以合肥市司法局为例，其与合肥市律师协会印发《“新春访万企、助力解难题”——“法律服务进万企”主题帮扶活动方案》，组织律师为全市企业（个体工商户）开展主题帮扶活动，全市律师共走进企业1447家，开展涉企法律宣讲656场次，政策宣讲508场次，发放各类法律手册5900份，为企业撰写“法治体检”报告328份，梳理法律风险点2212个，提出法律意见建议2502条。如上海兰迪（合肥）律师事务所律师为合肥软件园企业开展“股权那些事：从初创到上市”主题培训；北京大成（合肥）律师事务所律师以线上线下相结合的方式，为某证券公司总部及分支机构200余名员工开展“知识产权保护及法律风险防范”专题讲座。全市律师共担任6000余家企业的法律顾问，2022年共为企业经营决策提供法律意见4020件，参与起草、审核企业规章制度1166项，参加重大合同起草、谈判工作3837次，参加涉企调解、诉讼或仲裁4221件，办理涉及企业工商登记、商标注册、专利申请等有关法律事务177件。

三、推进法治宣传体系建设

安徽省司法行政系统深入学习贯彻习近平法治思想，坚持正确的政治方向和问题导向，大力推进法治宣传教育，不断完善法治宣传体系，助力法治国家、法治政府、法治社会建设。

——注重加强法治宣传基地建设。安徽省始终坚持将普法宣传作为法治工作重点内容推进。2022年，全国普法办印发《关于命名第四批全国法治宣传教育基地的通知》，41家单位获得此项荣誉。安徽省有2家单位入选，分别为池州市贵池包公法治宣传教育基地、滁州市药品监管实景型法治宣传教育基地。池州市通过挖掘包公法治文化内涵、建设宣传载体平台、推出宣传法治文艺作品等方式，提升包公传统法治文化品牌影响力，创立包公法治宣传教育基地。滁州市药品监管实景型法治宣传教育基地自挂牌以来，将法治实践作为最生动的普法课堂，紧紧抓住“面向监管人员、面向行政相对人、面向社会公众”三个重点，围绕“如何辨别药品、医疗器械真伪”“买到假药怎么办”等群众关心的热点问题，解读药品安全常识以及相关法律法规，进一步增强普法覆盖率和精准性。

——注重普法方式多样化。安徽省各地通过多样化普法方式，不断提升普法宣传效果。省委宣传部牵头组织举办2022年全省文化科技卫生“三下乡”集中示范活动；省农业农村厅组织开展“‘典’亮村居振兴乡村”主题普法宣传活动，并会同省乡村振兴局等相关部门，组织召开乡村振兴促进法座谈会；省司法厅、省法宣办把民法典法律知识作为“安徽省民主法治示范村（社区）”普法骨干培训班的重要内容，会同省民政厅组织开展第九批“全国民主法治示范村（社区）”及“安徽省民主法治示范村（社区）”命名推荐工作。宣城市在市仲裁委、农民法治书屋、民法典公园开设线下“民法典超市”，在“宛陵普法”公众号开设线上“法律超市”，通过线上与线下、图文与视频多重组合，积极普及法律知识，传播法治文化。芜湖市开展百场“民法典宣讲进农村”活动，宣讲团成员精心准备课件，为村民送去接地气的“法治大餐”。蚌埠市以漫画、快板、泗州戏等形式，开展群众喜闻乐见的普法宣传活动。

——注重本地法规的宣传工作。安徽省各级政府在普法宣传中十分注重结合本地法规的宣传工作。以合肥市为例，2022年4月合肥市出台《合肥市2022年度重点普法目录》，深入学习宣传习近平法治思想，深入宣传以宪法为核心的中国特色社会主义法律体系，特别是能够结合实际将《合肥市科技创新条例》《合肥市城市轨道交通条例》《合肥市促进民营经济发展条例》等法规作为重点宣传内容。

——加大党内法规集中宣传教育力度。2022年6月，安徽省委办公厅、省委组织部、省委宣传部、省委政法委、省直机关工委、省法宣办联合组织开展全省党内法规集中宣传教育活动。省直机关工委组织省直讲师团和省“八五”普法讲师团等，赴有关单位开展以《中国共产党章程》《关于新形势下党内政治生活的若干准则》等为主题的巡回宣讲；依托

“安徽普法”微信公众号开展党内法规知识网上竞答；省直机关工委组织有关专家教授和党员干部等，结合党内法规巡回宣讲开展调研，形成调研报告或理论文章，并适时开展交流研讨，评选优质论文；在“学习强国”安徽频道、“安徽政法”、“安徽机关党建”、“安徽普法”等微信公众号，以及安徽长安网、安徽省委讲师团《七月风》杂志等媒体平台开设“党内法规集中宣传教育活动”专栏。

——多管齐下推动普法宣传工作。安徽省各级政府多管齐下，通过以下方式推动各地的普法宣传工作。一是打造法治文化建设示范点。如马鞍山市法治宣传教育工作领导小组办公室新增7个法治文化阵地，主要分为三大类，其中法治宣传教育中心（场馆类）5个、法治文化公园（广场类）1个、法治文化街区（景区、村庄、小区类）1个，2022年9月，全市共评建36个市级法治文化建设示范点，其中2个为省级法治文化建设示范基地。二是推进法治宣传队伍建设。如巢湖市深入推进村（居）法律顾问、法律明白人、农村学法用法示范户等基层普法队伍建设，有效发挥普法志愿者作用，开展法治文化基层行活动。三是强化法治文化阵地建设。突出抓好法治文化阵地提档升级工作，打造柘皋镇汪桥村、银屏镇三胜村、巢湖市法院、巢湖市税务局等法治文化阵地，营造尊法学法守法用法的浓厚氛围。2022年，柘皋镇汪桥村荣获合肥市法治宣传教育基地称号。四是推动法治文化作品创作。如巢湖市共建成法治文化广场（公园）58个，创作法治文化作品400余件，开展法治文艺演出50余场，成效显著。宿州市从推进宿州区域特色法治文化研究、强化法治文化作品创作和传播推广等方面，推动群众性法治文化活动蓬勃开展。

四、推进现代化队伍体系建设

——强化党建引领。全面建设社会主义现代化国家、全面推进中华民族伟大复兴，关键在党，关键在人，关键在于建设一支堪当重任的高素质干部队伍。全省司法行政系统深入学习贯彻党的二十大精神、2022年全国两会精神及省厅党委党建工作领导小组会议精神，用创新理论武装头脑、指导实践、推动工作。2022年，蚌埠市上报的党建案例《青年先锋三部曲：接续奏响党建新乐章》连续第四年入选安徽司法行政年度十大党建优秀案例。池州市司法局通过设立党建文化长廊，加强机关党员活动阵地建设等举措，营造浓厚的机关党建文化氛围。通过设置党员示范岗、组建“党员先锋队”、广泛开展亮岗履职、党员公开承诺践诺、“两优一先”评选表彰活动，着力打造机关党建品牌。“情系法治　服务为民”党建品牌被评为市直机关“十佳”党建品牌。锚定党的二十大作出的重大部署，重点增强推动高质量发展、服务群众、防范化解风险的能力。伴随现代化建设进程，各方面工作越来越专业化、专门化、精准化，广大干部职工特别是各级领导干部要坚持干什么学什么、缺什么补什么，努力提升履行岗位职责、做好本职工作的专业能力，真正成为行家里手、内行领导。

——推进廉政治理。安徽省始终注重加强廉政建设和廉政教育。一是聚焦廉政教育，筑牢思想防线。如潜川监狱利用监狱内网、微信工作群、廉政宣传栏等常态化分享纪检监察有关知识、通报典型案例，每月更新廉政期刊《廉政之窗》内容。制发《致全体民警家属及职工的一封信》、新时代政法干警“十个严禁”手卡、台签，布置廉洁从警专题横幅、制作勤俭节约、廉洁自律、疫情防控等主题台签，推动“清风潜川”文化深入人心。严格执行领导干部任前廉政谈话制度，开展年轻干部提拔廉政谈话。开展“1+1+3”青年民警廉洁意识提升季，组织开展学习教育、廉政大讲堂、“三书”征选、党规党纪知识竞赛活动，组织全员参与廉政文化活动，引导全体干部对党忠诚履职、敬业奉献，践行廉洁从警初心。二是聚焦风险防控，构筑完备的制度防线。健全干部交流轮岗机制，完善干部职工“廉政档案”，做到动态管理。围绕重点领域、重要岗位，制定出台干部队伍管理、社区矫正、律师管理等领域的监督管理制度。三是聚焦文化引领，构筑特色鲜明的阵地防线。注重发挥廉政文化浸润作用，将廉政要素融入法治文化阵地建设中。积极推动廉政文化宣传，在各类法治宣传、法律服务活动中有机融入廉政文化内容。根据司法行政工作实际，设置特色清单、绘制权力运行流程图等，营造司法行政廉政氛围。四是完善制度体系，推动建章立制，提升成果转化为权力制约监督综合效能。进一步加强党内监督，强化自上而下的组织监督，改进自下而上的民主监督，搞好同级党组织的相互监督，加强对“关键少数”特别是“一把手”的监督，充分发挥巡视巡察的利剑作用。

——打造培养平台。注重“学习强国”、干部教育在线、安徽省司法行政云讲堂等学习培训活动，以学促用，学有所用，切实提高民警履职能力。如阜阳市颍东区司法局聚焦基层治理体系和治理能力现代化，积极探索推进法治乡村人才队伍建设，“三抓”工作法为加快推进乡村振兴夯实了人才基础。将村“两委”班子成员，村级后备干部纳入培训目标，定期组织线上线下相结合的法治讲座、法治论坛、庭审旁听等活动，全面提升镇、村两级干部法律素养和依法行政水平，推动其在法治乡村日常工作中积极运用法治思维谋事，运用法治方式办事。

又如全椒县司法局建立人民调解专业人才库，将镇、村兼职调解员和县调解中心的专职调解员，按“一人一表”进行信息采集备档。建立社区矫正专业人才库，即建立社区矫正执法、帮教和志愿者三支队伍，形成以公检法司干警为骨干，辅警为基础，村（居）干部为补充，共200多人的社区矫正工作队伍。建立法律服务专业人才库，村（居）配备“法制辅导员”，设立“法律明白人”，做到定期培训、一人一档、一村一卷；指导律师担任村（居）法律顾问，对村（居）签订经济合同或重大决策给予协助和审查。目前，全县共培养“法治带头人”138人，“法律明白人”2970人，村（居）法律顾问实现“全覆盖”，有效提升法治工作人员的专业素养和依法办事的水平。

知识产权保护工作

2022年，安徽省推进知识产权保护工作，以习近平新时代中国特色社会主义思想为指导，深入贯彻习近平法治思想，在安徽省委坚强领导和最高人民法院有力指导下，拉高标杆、奋楫争先，努力筑牢知识产权保护屏障，以高质量司法服务高质量发展。知识产权审判“三合一”改革为国务院知识产权战略实施工作部际联席会议推介，特色党建“知行”品牌、长三角知识产权保护一体化案例入选新时代人民法院党建创新优秀案例、知识产权强国建设典型案例。

一、知识产权保护工作

——执法办案取得新进展。2022年，安徽省高院共受理知识产权民事一审、二审案件12241件，审结12102件；受理知识产权刑事一审、二审案件205件，审结174件；受理知识产权行政一审、二审案件11件，审结11件。多起案件入选最高法院“知识产权司法保护50件典型案例”“人民法院种业知识产权司法保护典型案例”“全省法院系统百篇优秀案例”等。省高院民三庭等4个集体及4名法官被国家版权局评为查处重大侵权案件有功单位及个人。在注重司法裁判价值引领的同时，锚定“举证难、周期长、赔偿低”难题，完善简案快审机制，快审结案6940件，平均审理周期缩短至31.73天。

合肥知产法庭在59件案件中引入技术调查官或者智库专家，帮助查明技术事实。落实省高院、省市场监督管理局《关于共建知识产权侵权惩罚机制促进知识产权行政与司法保护一体化发展的通知》精神，合肥知产法庭审理植物新品种侵权案，将许可使用费作为惩罚性赔偿基数，判决侵权人予以三倍赔偿。

——司法改革展现新作为。省高院下发《关于在全省深入推进知识产权“三合一”审判机制的通知》，与省检察院、公安厅联合修订《关于办理知识产权刑事案件若干程序问题的意见》，一体推进“三合一”改革、管辖布局优化。积极推进知识产权纠纷人民调解工作，移送“人民法院调解平台”案件12900件，调解成功率76.19%。与省市场监督管理局、省版权局会签《关于开展知识产权纠纷行政调解协议司法确认程序工作的实施办法》，促进各类知识产权纠纷化解机制联动衔接，全年办结司法确认案件199件。

——知识产权保护构建新格局。在深化行业协同方面，省高院联合省版权局、省市场监督管理局共同发布知识产权保护状况典型案例；在司法、立法层面开展打击侵犯知识产权犯罪专项行动，建言地方性法规、政策制定。推进区域协作，参与组建南京都市圈知识产权司法保护联盟，促进一体化发展。对接创新主体，参与“贴心服务助台企”，了解维权需求。扩大司法宣传，连续10年发布安徽知识产权司法保护状况及典型案例；连续7年举办“皖江知识产权司法保护研讨会”，邀请长三角业界人士参会；连续4年举办知识产权司法保护宣传周，营造全省联动宣传声势。

二、商标权保护工作

“十四五”时期是我国“两个一百年”奋斗目标的历史交汇期，也是开启全面建设社会主义现代化国家新征程的重要机遇期，做好“十四五”时期的商标工作具有重要意义。要贯彻知识产权事业新发展理念，坚持稳中求进工作总基调，协调好“五大关系”，以促进商标保护工作高质量发展为主题，认真落实“十四五”时期国家知识产权保护和运用规划、专利和商标审查，着力构建“创造是源头、保护是核心、运用是目的、管理是关键、服务是支撑”的商标事业发展新格局，助力知识产权治理体系和治理能力现代化，进而服务经济社会高质量发展。

——加大商标权侵权打击力度。充分运用驰名商标保护手段，加强驰名商标品牌合法权益保护。2022年安徽省严厉打击涉驰名商标违法犯罪行为，定期公布商标保护名录，建立商标保护长效机制，加强商标办案业务指导，严厉打击商标侵权违法行为，依法依规处理恶意商标注册申请人和代理机构。加大地方立法工作力度，积极推动《安徽省著名商标认定和保护条例》实施，强化商标的法律保护。如枞阳县价格认证中心协助公安机关依法打击侵犯注册商标违法犯罪行为，缴获省内两知名品牌假冒白酒1995瓶。

——深入推进商标品牌战略实施。2022年，安徽省突出高质量创造导向，深入推进商标品牌战略实施，开展知识产权资助政策清理规范，做好商标注册申请有关政策宣传，依法严厉打击违反诚实信用原则、违背公序良俗、谋取不正当利益、扰乱商标注册秩序的10个方面典型违法行为。全省申请商标24.3万件，注册商标19.5万件，有效注册商标达118.95万件；全省累计获批国家地理标志保护产品85件，地理标志商标216个。

——提高商标监管水平。全省市场监管系统认真贯彻落实习近平总书记关于知识产权保护的一系列重要指示批示精神，有效遏制商标领域侵权违法和恶意抢注行为，深化地理标志专用标志核准使用改革试点，安徽省实行重点地理标志清单式监管，深入开展知识产权代理行业"蓝天"专项整治行动，加强商标代理机构和执业人员监管，推动知识产权保护"一件事"集成服务改革，打造包括商标在内的知识产权综合管理平台。全省市场监管系统紧紧围绕高质量发展大局，以民生领域案件查办"铁拳"行动为统领，强化知识产权执法，加大案件查办力度，严厉打击商标侵权、假冒专利等违法行为，依法查处恶意商标注册、非正常专利申请及代理违法行为，取得明显成效。2022年，共查办知识产权违法案件3302件，移送公安机关99件，为促进社会创新发展提供了有力法治保障。

三、专利权保护工作

安徽省市场监督管理局深入贯彻党中央关于市场监督管理、知识产权工作的方针政策和决策部署，落实省委的工作要求，认真履职尽责，不断提升专利保护工作的能力与水平。

——发明专利授权数量大幅提升。2022年，安徽省在专利授权方面取得了显著成绩。根据省市场监管局（知识产权局)发布的数据，全年授权专利数量达到了15.7万件，其中发明专利为2.6万件。这一数据显示了安徽省在知识产权创造和保护方面取得的积极进展。此外，安徽省还拥有有效发明专利14.5万件，每万人口高价值发明专利拥有量达到了6.58件，较上年增长了33.2%。国外在华知识产权数量稳步增长，知识产权助力高水平对外开放的作用持续显现。2022年度，国外在华发明专利有效量达86.1万件，同比增长4.5%，涉及国外企业5.8万家，较上年增加0.2万家。国外在华有效注册商标203.0万件，同比增长5.9%。国家知识产权局知识产权保护司负责同志介绍，目前，在97家国家级知识产权保护中心和快速维权中心备案的外资和合资企业超过2900家。这些成果体现了安徽省在推动知识产权高质量发展方面的努力和成效。

——落实专利权奖励政策。2022年安徽省市场监管局印发《关于开展省级知识产权专项奖补申报工作的通知》(皖市监办函〔2022〕326号)，本次奖补拟兑现金额合计3734.57万元(不含由市县分担的10%上浮金额)，包括：涉外专利维权补助项目3项，金额30万元；专利权质押融资补助项目218项，金额3704.57万元。其中，上述奖补资金对32个脱贫县补助金额上浮20%，上浮部分由省与市、县(市、区)按1:1合力支持。

——完善专利权纠纷解决规范。2022年，安徽省市场监督管理局知识产权保护处印发《专利侵权纠纷行政裁决事项办事指南》，贯彻执行商标、专利侵权判断标准及保护执法的检验、鉴定和其他相关标准，承担知识产权争议处理、维权援助和纠纷调处工作。省司法厅、省市场监管局联合出台《安徽省专利侵权纠纷行政裁决实施办法（试行）》，旨在维护公平竞争的市场秩序，保障专利权人和社会公众的合法权益。一是明确管辖范围与维权路径，专利侵权纠纷的行政裁决案件由被请求人所在地或者侵权行为地的管理专利工作的部门管辖。二是简案快处繁案精办提升质效，建立了专利侵权行政裁决案件繁简分流制度，推动繁案精办、简案快处。三是行政裁决作出后向社会公开，《办法》要求，行政裁决作出后，应当按照有关规定向社会公开。行政裁决公开时，按照有关规定删除涉及商业秘密的内容后向社会公开。各级管理专利工作的部门、司法行政部门推动人民法院、人民调解委员会和专业调解组织建立并落实行政裁决申请权告知制度，引导律师和基层法律服务工作者积极告知行政裁决申请权和程序渠道，联合推进专利侵权纠纷行政裁决示范建设。

四、版权保护工作

2022年，安徽省认真贯彻执行中共中央、国务院印发的《知识产权强国建设纲要（2021—2035年）》，对“十四五”时期版权工作的指导思想、基本原则、发展目的、重点任务都进行了谋划和部署。中国版权事业走过10年快速发展的中国版权事业，正朝气蓬勃地迈向新征程。

——版权登记数量稳步增长。2022年，安徽省在版权登记方面取得了显著的成绩。根据安徽省版权局的通报，2022年全省作品著作权登记总量达到了265386件，同比增长50.88%，这一数量超过了前两年登记量的总和。在登记区域分布上，省直单位、滁州市、安庆市和芜湖市的登记量较多，分别占全省登记总量的17.80%、12.58%、12.20%和10.88%。此外，阜阳、池州、淮北、芜湖、马鞍山、蚌埠、宿州7个市的登记量增长率超过了100%。在作品类型方面，摄影作品、文字作品和美术作品的登记量占全省登记总量的92.61%。

——加大版权保护执法力度。2022年9月，安徽省版权局、通信管理局、公安厅、互联网信息办公室联合启动安徽省“剑网2022”第18次打击网络侵权盗版专项行动，聚焦广大创新主体版权领域急难愁盼问题，加强网络版权全链条保护。加强文献数据库、短视频和网络文学等重点领域整治，加强对网络平台的版权监管，强化对NFT数字藏品、“剧本杀”等网络新业态的版权监管，加大对院线电影、网络直播、体育赛事、在线教育、新闻作品的版权保护力度，巩固网络音乐、网络动漫、有声读物、网盘等领域工作成果，提升网络执法效能。

——加大版权保护宣传力度。为推动版权行政执法与刑事司法相衔接，提升执法监管水平，安徽省版权局、安徽省公安厅联合举办2022年全省版权执法监管工作培训班，各市版权主管部门及版权业务科室、文化市场综合执法队伍，各市公安局办理涉嫌著作权犯罪案件的分局（支队），以及安徽公安教育研究院等单位负责同志约90人参加了培训。2022年，安徽省版权局在中国黄山书会设立版权服务工作站，通过在现场摆放宣传海报、大屏幕滚动播放版权宣传视频、现场讲解《著作权法》等相关法律知识、发放版权宣传品等方式，开展系列版权宣传活动，并提供作品登记“一站式”服务。

政协的法治推动工作

2022年，中国人民政治协商会议安徽省委员会坚持以习近平新时代中国特色社会主义思想为指导，全面学习贯彻中共十九大、十九届历次全会和中共二十大、二十届一中全会精神，深入贯彻落实习近平总书记系列重要讲话指示批示精神，衷心拥护“两个确立”、忠诚践行“两个维护”，在中共安徽省委坚强领导下，认真贯彻落实省第十一次党代会及省委十一届四次全会精神，坚持“党委有声音、政协有响应，党委有部署、政协有跟进”，坚持稳中求进工作总基调，认真做好思想引导、汇聚力量、议政建言、服务大局各项工作，为保持平稳健康的经济环境、国泰民安的社会环境、风清气正的政治环境作出贡献。

一、全面加强自身建设

安徽省政协在全面加强自身建设方面采取了多项有力措施，不断提升政协工作的质量和水平，为更好地履行职责、服务经济社会发展奠定了坚实基础。2022年安徽省政协持续保持这一良好势头，不断开创政协工作新局面。

——加强思想建设。2022年，安徽省政协开展“不忘初心、牢记使命”主题教育、党史学习教育活动；举办安徽政协光辉历程图片展，引导各党派团体和各族各界人士以强烈的历史主动精神，坚守合作初心、携手砥砺前行。坚持省政协党组会议“第一议题”学习制度，完善以党组理论学习中心组为引领的学习体系。安徽省政协利用网上“安徽政协书院”平台全面开展委员读书活动。其中，在11月初至12月下旬，网上“淮南政协书院”委员读书活动将“学习党的二十大精神”列为2022年第4期委员读书主题。11月7日，读书活动正式启动，淮南市政协委员、部分县区政协委员和政协机关人员参加了本期读书活动。此外，2022年度省政协围绕学习贯彻中共十九大、十九届历次全会和中共二十大、二十届一中全会精神，跟进学习习近平总书记重要讲话指示批示精神，以及省委重要会议精神，开展专题理论学习研讨64次，举办委员读书活动23期，组织政协理论和实践研究32项，广大委员更加自觉地用党的创新理论凝心聚魂，奋进新征程、建功新时代。

——坚持党建引领。十二届省政协成立伊始就一体设计了党组成员党建分工和班子成员业务分工，明确党组成员在抓好分管领域党建工作的同时，应承担起党外副主席分管领域的党建工作责任。2022年安徽省政协坚持和落实党对政协工作的全面领导，健全贯彻落实中共中央决策部署和省委工作要求机制，形成“三心两进一流”工作思路，坚持重要工作重大事项及时向省委请示汇报，协助省委出台《加强新时代人民政协党的建设工作的实施意见》，两度召开全省政协系统党的建设工作座谈会，修订省政协党组工作规则，创新开展“一入四建”（全体委员编入专委会，建强专委会分党组、建立委员小组、建立委员党小组、建立委员联系机制），推进党建与履职深度融合，实现党的组织对党员委员的全覆盖、党的工作对政协委员的全覆盖。

——创新履职平台。2022年1月10日，全新的委员读书智能平台正式上线。该平台依托“公有云”的强大数据存储和快速信息处理能力，可容纳全国政协和31个省级政协3万余人同步在线读书交流，并新增消息文字语音互转、AI朗读、电子书及音视频断点续播等诸多功能。其中，滁州市政协充分利用手机App，向全市各级政协组织、全体政协委员发出“‘政’在战疫、‘协’手同行”倡议书，号召鼓励委员们利用自身优势，积极投身“疫线”，为抗疫贡献政协力量、凝聚委员智慧。淮南市政协在全省市级政协中率先上线运行委员“微建议”平台，有力推进网络议政的常态化开展和社情民意信息的全天候收集。

二、立法协商工作

立法协商是现代立法参与的新理念、新动向和新形式，不仅对于推动立法工作的科学化、民主化、法治化具有重要意义，也充分展现了社会主义协商民主制度的优越性。2022年，安徽省政协深入开展立法协商工作，充分发挥政协委员在立法协商中的作用。

——精心做好立法提案工作。2022年政协会议期间，广大政协委员、政协各参加单位以及各专门委员会，以习近平新时代中国特色社会主义思想为指导，认真学习贯彻党的十九大和十九届历次全会精神及中共安徽省第十一次党代会精神，做好立法提案工作，截至2022年1月17日12时，共提交提案831件。根据《政协安徽省委员会提案工作条例》《政协安徽省委员会提案审查工作细则》等有关规定，政协提案委员会对收到的提案进行了认真审查。经审查，共立案803件，不予立案28件，其中退回16件，撤案4件，转社情民意信息、住皖全国政协委员提案素材8件。在立案提案中，委员提案621件，省各民主党派、工商联、有关人民团体提案153件，界别提案12件，省政协专门委员会提案17件；经济建设类提案456件，占56.79%，政治建设类提案45件，占5.60%，文化建设类提案43件，占5.35%，社会建设类提案207件，占25.78%，生态文明建设类提案52件，占6.48%。

——不断完善立法协商平台机制。深入贯彻中共二十大精神，充分发挥政协委员、民主党派、工商联、无党派人士、人民团体等在立法协商中的作用，对推进科学立法、民主立法意义重大且十分有必要。2022年11月，省政协社法委召开“政协立法协商制度化建设”调研座谈会，强调要充分发挥政协人才荟萃、智力密集、专业性强、联系广泛的优势，抓好平台建设，健全工作机制，着力通过强化协商、深化协商、优化协商，促进科学立法、民主立法、依法立法，为法治安徽建设积极贡献政协智慧和力量。

——积极参与立法协商工作。人民政协作为专门协商机构，参与立法协商就是要通过政协平台汇集各方声音，实现协商与决策的相互衔接，提高立法质量；把握工作规律，提高人民政协参与立法协商工作的质量，重点做好健全工作制度、厘清职责边界、发挥职能作用、促进工作转变四项工作；充分发挥政协委员、民主党派、工商联、无党派人士、人民团体和社会组织在立法协商中的作用，通过立法协商提供有价值、有分量、有见地的意见建议，为推进科学立法、民主立法、依法立法贡献政协智慧和力量。

——全面推进提案落实工作。在安徽省政协第十二届第五次会议中，省水利厅共承办提案22件，其中，主办10件，分办1件，会办11件。提案主要涉及防洪综合治理、水资源利用、水环境保护、水利工程建设、水文化建设等内容。在省政协提案办和省政府督查室的精心指导下，22件提案全部按时办理完毕，赢得了委员的满意评价。省能源局2022年共承办政协提案22件，办理沟通率、办结率、满意率均为100%。

三、法治推动工作

2022年，安徽省政协认真学习习近平法治思想，积极参与法治建设实践，加强法治宣传教育，推动法治与经济社会发展相融合，为全面建设社会主义现代化国家、实现中华民族伟大复兴的中国梦作出了积极贡献。

——积极回应社会关切。2022年6月28日，省政协召开“完善义务教育‘双减’政策落实机制”月度专题协商会，提出全省各级政协要切实提高政治站位，充分发挥专门协商机构作用，紧扣“双减”目标任务，按照党中央决策部署和省委工作要求，多想“思考题”，多做“填空题”，继续围绕完善义务教育“双减”政策落实、深化教育综合改革等方面建真言、谋良策、支实招，促进义务教育提质增效。9月27日下午，省政协召开“推进农村生活污水治理”月度专题协商会。委员们建议，结合群众意愿、改厕工程、黑臭水体整治，建立健全农村生活污水治理政策措施和操作规范，系统协调推进治理；加强省级资金统筹，有效整合涉农资金，统筹运用保险、基金、专项债等金融工具，引导社会资本参与，形成多元投入机制；坚持因村治理，解决好农村生活污水治理不同模式存在的问题，打通进村入户“最后一公里”，提升到村到户的覆盖率和处理率。11月24日，省政协召开“实施十大千亿级绿色食品产业培育行动”月度专题协商会。大家建议，要加大组织领导，建立省领导分产业领衔制度，加大工作专班建设力度；要补齐加工业短板，深入推进长三角绿色农产品生产加工供应示范基地建设，打造一批农产品加工产值超百亿的大企业和加工园区，助推绿色食品产业增强发展动能，提升发展内涵。

——稳步推进经济发展。2022年4月2日，省政协召开“加快发展外贸新业态新模式，助力安徽高水平对外开放”月度专题协商会。会议指出，要深入贯彻习近平总书记关于对外开放的重要论述，高质量推进改进工作作风、为民办实事、为企业优环境的“一改两为”专题民主监督行动，及时反映企业诉求，协助省委、省政府推进相关政策落实，为企业纾困解难。省政府相关负责同志指出，要把此次月度专题协商会成果转化为加快发展外贸新业态新模式的务实政策举措。7月26日，省政协召开“优化营商环境和助企纾困”议政监督专题协商会，会议代表围绕深化减税降费、打造综合性企业服务平台、创新金融助企纾困举措、推动恢复市场主体发展信心等方面提出意见建议。会议指出，要坚持守正创新，推深做实各项民主监督工作，统筹开展好“一改两为”、安徽省

2022年重点民生工程和生态环境问题微监督等履职工作。重点加强对市县政协工作指导，开展协同调研、联合监督，增强联动履职效应，致力解决企业诉求，帮助企业赋能增效。

法学研究和教育工作

2022年，安徽省法学会坚持以习近平新时代中国特色社会主义思想为指导，深入贯彻落实习近平法治思想，在中国法学会精心指导和省委坚强领导下，坚持目标导向，强化使命担当，扎实履职尽责，各项工作实现新进展、取得新成效。尤其是党的二十大之后，法学会深入学习、宣传、贯彻党的二十大精神，为构建中国自主法学知识体系不断贡献理论智慧。

一、法学研究工作

2022年，安徽省法学会牢记“国之大者”，心系“省之大计”，充分发挥法治建设“智囊团”“思想库”“人才库”作用，更好服务保障经济社会发展大局。

——加强法学研究成果转化。2022年安徽省法学会组织实施重点课题18项，其中《“问题楼盘”防范和化解机制研究》被住建部立项，“关于加快制定《安徽省平安建设条例》的建议”等成果得到省委领导肯定，并编发《法治建设决策参考》12期。芜湖法学会坚持理论创新与法治实践紧密结合，积极参与省法学会课题研究，全年报送选题建议10项、选题申报5项。聚焦全市经济社会高质量发展和法治芜湖、平安芜湖建设重大理论和实践问题，连续3年开展芜湖市法学会课题研究，围绕人民城市建设、疫情防控、数字治理创新、重大风险防范化解、知识产权保护、长江流域生态保护等方面，广泛动员法学会会员参与课题立项研究，将40篇结项论文汇编成《2020—2022年芜湖市法学文库》。

——推动法学交流智慧碰撞。2022年安徽省法学会成功承办第二十六届全国高校法学院院长（系主任）联席会议等一批在全国有影响力的法学盛会；指导各市制定优秀中青年法学法律人才评选办法，推荐20名法学法律专家作为安徽省法官检察官遴选委员会专家库及省“七五”“八五”普法讲师团成员；成功承办第四届两岸青年法律研修班，选派法学会会员赴海外考察交流；合肥、安庆与武汉、长沙等8市法学会联合举办“长江中游城市群法治论坛”，参加“苏区法制研究论坛”，为探索区域法治建设道路、培养法治人才贡献力量。

——加强卓越法治人才培养。2022年安徽省法学会组织开展新一批省级法学法律专家库遴选工作，按照政治素质硬、业务能力强、职业操守好、社会公认等标准，经推荐、审核、公示等程序，遴选118名具有较强的法学研究能力和丰富的法治实践经验的省级法学法律专家库成员。印发《关于全面推进首席法律咨询专家工作的通知》，制定《安徽省首席法律咨询专家委员会工作规则》，指导合肥、蚌埠、安庆等试点市制定出台《首席法律咨询专家委员会管理办法》《首席法律咨询专家工作规则》等。尤其是芜湖市法学会建立并推行首席法律咨询专家制度，选聘了20名芜湖市法学会首席法律咨询专家，推荐参与重大决策合法性审查、重大事项社会稳定风险评估、重点领域立法咨询、社会治理现代化案例评审等工作，为党委政府科学决策提供法学智力支撑。选聘30名法学会会员和业务骨干组建第二届案件评查专家库，对全市20余起疑难复杂信访案件进行提级评查，开展专家“会诊”。

二、法学宣传工作

安徽省法学会深刻领悟习近平法治思想的人民性品格，丰富载体、创新方式，努力让法律走到群众身边、走进群众心里，让法治之花绚丽绽放。

——积极做好宪法宣传。宪法是我国的根本法，是公民基本权利的保障书。为深入学习贯彻党的二十大精神，加强宪法学习宣传，弘扬宪法精神，维护宪法权威，在现行宪法发布实施40周年之际，2022年11月26日，安徽省法学会宪法学研究会2022年专题研讨会在合肥召开，进一步加强了宪法理论研究、学习和宣传，推进宪法实施和监督，充分发挥宪法学研究会在推进依法治省中的重要作用，为现代化美好安徽建设贡献力量。

——加强法治宣传。2022年安徽省法学会充分发挥《民主与法制》周刊、《民主与法制时报》等报刊的宣传主阵地作用，及时宣传展示平安安徽、法治安徽建设新进展新成就，进一步提升法治宣传传播力和引导力，推动基层群众诚实守信，崇法尚德。其中，2022年芜湖市法学会依托芜湖市政法系统“网、微、端”宣传资源，在芜湖长安网开设法学会专栏，在“芜湖长安”微信、微博公众号增设“芜湖法学”宣传合集，上线运行“芜湖法学”微信公众号，建成法学会系统“两微一端”融媒体平台，用丰富多彩的形式、鲜活生动的语言、严谨权威的观点讲好法治故事、传播法治力量。牵头组织“喜迎二十大，奋进新征程，全面贯彻落实习近平法治思想”宣传活动、“爱心育苗·法伴成长”主题宣传月活动，线上线下开展各类普法活动200余场次。发动法学会会员深入基层普及法律知识，做好法律服务工作。组织1200余名志愿者踊跃参与“双百”法治宣讲、“青年普法志愿者法治文化基层行”“宪法宣传周”等活动，努力让法律法规融入百姓生活，让法治精神浸润人心。

三、加强自身建设

党的二十大报告首次单独把法治建设作为专章论述，对“坚持全面依法治国，推进法治中国建设”作出了新的部署，对新时代法学会工作提出了更高要求，这在全省法学会系统中引起强烈反响。

——提升法学会工作人员整体素质。2022年，安徽省法学会开设“学习宣传贯彻党的二十大精神”专栏、发布《关于在全省法学会系统深入学习宣传贯彻党的二十大精神的通知》，要求各级法学会、各研究会深入学习宣传贯彻党的二十大精神，迅速兴起学习宣传贯彻党的二十大精神热潮，团结引领广大法学法律工作者强化使命担当，认真履职尽责，为在法治轨道上全面建设社会主义现代化国家贡献力量。

——加强基层法学会建设。2022年，安徽省法学会持续推进中共中央办公厅印发的《关于进一步加强法学会建设的意见》和安徽省若干措施的贯彻落实，进一步巩固完善市级法学会规范化建设，对市级法学会工作开展量化考评，推动任期届满市、县（市、区）法学会及时换届，加快推进县（市、区）级法学会规范化建设，保障办公场所和人员力量，进一步夯实基层基础。2022年，马鞍山市推动当涂县、和县、含山县、雨山区等4个县（区）成立法学会机关，明确事业编制、群团属性，招录工作人员11人，有力地充实基层法学会工作力量，法学会组织建设取得了实质进展。芜湖市法学会统一社会信用代码证书完成设立登记，招录3名专职人员，充实队伍力量。合肥市扎实推进县级法学会组织建设，庐阳区、肥东县法学会先后设立法学会秘书处。

——加强法学会会员队伍建设。2022年安徽省法学会坚持党的领导，增强会员的政治意识、大局意识、责任意识，引导会员听党话、跟党走；着力加强会员的思想政治教育，引导会员树立正确的世界观、人生观和价值观，增强政治认同、思想认同、理论认同、情感认同，倡导严谨、求实的学风，鼓励会员积极参与法学研究，提高学术水平。加大在中青年法学工作者和法律工作者中发展会员，不断扩大覆盖面，壮大会员队伍。如芜湖市法学会新发展会员32名，组织参加论坛、培训和对外交流活动20余场次，为青年法学法律工作者施展才华提供广阔平台。开展1369名会员信息核准工作，其中50人被聘任为党委政府和人大常委会机关法律顾问、咨询专家，建设一支高水平的法学“智囊团”“人才库”。

下编

2023年法治安徽建设工作报告

人大的立法与监督工作

2023年，安徽省人大及其常委会坚持以习近平新时代中国特色社会主义思想为指导，深入贯彻落实党的二十大精神，全面贯彻落实习近平总书记系列重要讲话指示批示精神，围绕省委十一届五次、六次全会部署要求，锚定打造“三地一区”战略定位、建设“七个强省”奋斗目标，进一步加强重点领域立法，深入推进长三角协同立法，抓好法律法规实施情况的监督检查，以高质量立法护航经济社会高质量发展。

一、人大的立法工作

2023年，安徽省人大及其常委会的立法工作成果显著，全年共制定、修改法规18件，审查批准设区的市法规42件，审查规范性文件160件。在省委的坚强领导下，全面落实新修改的《中华人民共和国立法法》，紧盯健全地方治理急需、人民美好生活必备的法规制度体系，科学编制五年立法规划，确定具体立法项目157件，创历届立法规划项目数新高。

——完善立法体制机制。省人大常委会为加快制定社会治理急需、满足人民日益增长的美好生活需要必备的法规制度，不断提高立法质量和效率，收集整理资料，对有关理论和实践问题进行深入研究，并就《安徽省第十四届人大常委会立法规划（草案）》公开征求意见。长三角地区人大常委会主任座谈会将共同修改三省一市立法条例作为协同项目，并就协同立法专章规范问题进行研究，商定了共同范本。同时，深化拓展“小快灵”立法，加强基层立法联系点建设，扩大群众立法参与。紧扣全省改革发展所需、人民群众所盼，科学编制五年立法规划和年度立法计划，确保立法工作与全省改革发展的需求相适应，推动经济社会发展在法治轨道上运行。

——以立法推动高质量发展。省人大及其常委会听取审议《关于全省战略性新兴产业发展情况的报告》并开展专题询问，支持政府推动十大新兴产业融合化、集群化发展，提升产业链、供应链韧性和安全水平。听取审议《关于保障全省产业高质量发展用工需求工作情况的报告》并开展专题询问，助推教育链、人才链、创新链、产业链深度融合，为全省产业高质量发展提供人才支撑。此外，针对汽车产业，特别是新能源汽车产业，省人大常委会制定通过《安徽省新能源汽车产业集群发展条例》，以促进整车、零部件、后市场三位一体全面发展，提升全省新能源汽车产业竞争力，加快构建现代化产业体系。

——以立法促进长三角一体化发展。安徽省人大与上海、江苏、浙江三地人大紧密协作，同步开展《关于支持和保障长三角地区更高质量一体化发展的决定》联动监督，助推长三角一体化发展取得新的成效。此外，为加强长江水域船舶污染防治，保护长江水域生态环境，根据上位法规定和安徽省实际，与沪苏协同制定《安徽省长江船舶污染防治条例》。严格贯彻落实《中华人民共和国长江保护法》等法律要求，聚焦长江船舶水污染防治、大气污染防治、相关作业活动污染防治等重点领域，进行细化规范，为携手共建绿色美丽长三角提供法治支撑。

——以立法支持乡村全面振兴。安徽省人大及其常委会为了对基本农田实行特殊保护，稳定耕地面积，促进农业生产和国民经济持续、快速、健康发展，制定了《土地监督检查条例》，修改了《基本农田保护条例》，开展高标准农田建设、农村土地二轮承包到期后延包专题调研，听取审议深入推动种业发展报告，助力打造千亿斤江淮粮仓，牢牢守住耕地保护红线和粮食安全底线。指导亳州、阜阳等市推进支持保障肉牛产业发展专项立法，开展促进茶产业发展条例立法调研，助推做好“粮头食尾”“畜头肉尾”“农头工尾”增值大文章。巩固拓展脱贫攻坚成果同乡村振兴有效衔接，围绕“千村引领、万村升级”工程实施，修订《农村能源建设与管理条例》，开展农村人居环境整治、农民工就业增收、发展乡村旅游促进乡村振兴专题调研，推动建设彰显徽风皖韵的宜居宜业的和美乡村。

——以立法助推营商环境改善。省人大及其常委会深入贯彻习近平总书记关于优化营商环境的重要指示精神，制定《安徽省优化营商环境条例》，并审查批准了16个设区的市相关法规，实现省及16个设区的市优化营商环境立法全覆盖，从制度层面为优化营商环境提供了更为有力的保障和支撑。此外，还指导全省16个设区的市协同出台优化营商环境法规，打造一个公开、透明、规范、可预期的营商环境，构建起贯通联动的营商环境法规制度体系，加快打造法治化一流营商环境，激发市场主体活力，保护市场主体合法权益，推动高质量转型发展。

——以立法加强生态保护。安徽省各级人大常委会积极开展生态保护立法工作。滁州市人大常委会为了加强餐厨垃圾管理，促进餐厨垃圾的减量化产生、资源化利用和无害化处理，维护城市市容和环境卫生，保障食品安全和公众身体健康，于2023年1月3日公布了2022年底通过的《滁州市餐厨垃圾管理条例》。芜湖市人大常委会为了加强河道管理，保障防洪安全，发挥江河湖泊的综合效益，制定并通过《芜湖市河道管理条例》。亳州市人大常委会为了加强湿地保护，维护湿地生态功能和生物多样性，制定《亳州市湿地保护条例》。池州市人大常委会为了加强旅游垃圾管理，优化旅游环境，促进旅游业高质量发展，审议并批准《池州市旅游垃圾管理办法》。

——以立法提升社会治理水平。省人大常委会及各地级市人大常委会为了规范居家养老服务工作，保障老年人合法权益，促进居家养老服务健康发展，弘扬敬老爱老传统美德，制定、修订、废止了一系列地方性法规。如蚌埠市人大常委会制定了《蚌埠市居家养老服务条例》，合肥市人大常委会修订了《合肥市居家养老服务条例》。省人大常委会修订了《安徽省市政设施管理条例》，着眼“城市病”治理，充分发挥市政设施功能，支持打造宜居、韧性、智慧城市，促进建设宜居幸福城市。修订通过《安徽省征兵工作条例》，落实鼓励入伍、激励在伍、保障退伍优待政策。审议通过并实施《安徽省实施〈中华人民共和国预防未成年人犯罪法〉办法》，对政府及相关部门、政法机关、基层群众性自治组织预防未成年人犯罪的有关责任进行细化，从加强教育、正面引导、提前干预、分级预防等方面予以规定，依法呵护未成年人安全健康成长。修订《安徽省未成年人保护条例》，围绕家庭保护、学校保护、社会保护、网络保护、司法保护、特别保护等方面进行规范。开展《安徽省民族工作条例》实施情况专题调研，铸牢中华民族共同体意识。深入实施《信访工作条例》，修改《安徽省多元化解纠纷促进条例》，坚持和发展新时代“枫桥经验”，践行“四下基层”优良传统，促进多元化解纠纷工作，增进社会和谐，构建共建共治共享的社会治理格局。

——以立法切实维护群众利益。围绕“老有所养”，公开征求《关于修改〈安徽省实施《中华人民共和国老年人权益保障法》办法〉的决定（草案）》修改意见。围绕“幼有所育”，修改《安徽省实施〈中华人民共和国母婴保健法〉办法》，助力构建普惠多元的托育公共服务体系，更好激发“生”的意愿，解决“育”的难题，减轻“养”的负担。聚焦居民群众烦心闹心的物业管理难题，修改《安徽省物业管理条例》，规范物业管理活动，听取审议物业管理工作报告并开展专题询问，推动物业服务管理规范发展，维护业主、物业管理人和物业服务企业的合法权益。为了加强养犬管理，规范养犬行为，保障公民健康和人身安全，维护社会公共秩序和市容环境卫生，宣城市人大常委会制定了《宣城市养犬管理条例》。为培育和践行社会主义核心价值观，引导和促进文明行为养成，提升公民文明素养和社会文明程度，安庆市人大常委会制定并实施《安庆市文明行为促进条例》。

二、法治监督与法治推动工作

2023年，在党的领导下，安徽省人大常委会坚持用好宪法法律赋予的监督权，创造性做好监督工作，寓支持于监督之中。全年听取审议“一府两院”报告20个，检查6部法律法规实施情况，组织开展专题问询6场，做出决议、决定7件，更好地把人民代表大会制度优势转化为治理效能。

——加强经济工作监督。深入贯彻中央和省委有关经济工作的决策部署和工作要求，修订《安徽省人民代表大会常务委员会关于加强经济工作监督的决定》，进一步加强经济工作监督，明确重大经济决策、重大工程项目等7个方面9项监督重点，提升经济监督工作法治化水平，增强监督实效。为守护好人民共同财富，听取审议金融企业国有资产管理情况报告，并开展专题询问，统筹发展与安全牢牢守住不发生系统性金融风险的底线。为构建现代化产业体系，听取审议全省战略性新兴产业发展情况的报告并开展专题询问，以监督实效为全省经济高质量发展注入动能。听取审议“十四五”规划纲要实施中期评估、计划及预算执行情况、决算、审计及审计查出问题整改情况等报告，审查批准省级预算调整方案，支持政府持续扩大有效需求，全面落实积极财政政策，助推经济恢复持续向好。审议2022年度国有资产管理情况综合报告，听取审议金融企业国有资产管理情况报告并开展专题询问，促进国资国企更好服务经济社会发展。

——加强民生工作监督。人民群众的关切也是人大监督的着力点，省人大常委会围绕全省医疗保障、养老服务、大气污染防治等重点工作开展监督，推动解决涉及人民群众切身利益的突出问题。针对物业管理，省人大常委会专门开展了一场全省物业管理工作情况专题询问，常委会组成人员和人大代表围绕物业管理难题提出了一连串问题，省政府相关部门负责人直面难题，既谈思路打算，也给出了工作承诺。全年全省五级人大代表累计收集社情民意、提出意见建议80.1万件，已办结59.3万件，真正把惠民生、暖民心、顺民意的工作更好做到了群众心坎上。

——加强执法工作监督。省人大常委会积极作为，通过执法检查、听取报告和专题询问的监督“组合拳”，助力安徽高质量发展。在开展执法检查过程中，省人大常委会紧扣法条原文、紧盯实施短板，采取重要法规多方同查、复杂问题多法并查的方式，确保法律法规得到有效实施。在听取审议专项报告中，实行“审议意见+问题清单”制度，既指出工作方向，也明确整改事项，推动审议意见落实到位。指导和监督省政府第一时间与有关部门沟通衔接，清单化、闭环式协调推动办理，同时建立四级审核机制，组织开展“回头看”，加强跟踪督办，提升审议意见办理质效。此外，省人大常委会修改完善备案审查相关制度，开展备案审查工作培训，探索优化全省法规规章规范性文件数据库日常更新和维护机制，切实增强备案审查监督实效。

——加强评估工作监督。省人大常委会将评估监督作为一项重点工作紧抓在手，全程跟踪规划纲要中期评估进展，深入各地开展专题调研，深度了解规划纲要实施情况。坚持问题导向、目标导向，既客观评价“十四五”规划纲要实施取得的进展成效，又对主要指标完成情况进行具体分析研判，找出存在的问题和原因，提出更具针对性的措施。同时，与16个设区的市人大协同开展中期评估监督调研，深化普遍性问题研究，并提出更具针对性的意见建议，帮助政府部门改进工作，为全面完成“十四五”时期经济社会发展的目标任务提供有效助力。

——增强代表议案建议办理的实效性。省人大常委会健全代表反映人民群众意见的反馈处理机制，一体推进代表议案建议“提、交、办、督”工作，努力构建重点督办、领衔督办、专项督办、协调督办“四督合一”工作格局。在收到代表建议后，认真分析建议内容，并按照建议内容和处室职能相匹配的原则进行任务分解，明确牵头处室、配合处室、责任领导和办理期限，确保按照规定程序和办理时限完成代表建议办理工作。省十四届人大一次会议期间，安徽团全国人大代表提出议案14件、建议377件，其中8件建议被列为全国人大重点督办建议。1210件代表建议全部办理完成，办理结果满意率99.3%。

依法行政工作

2023年，安徽全省上下坚持以习近平新时代中国特色社会主义思想为指导，锚定打造“三地一区”战略定位、围绕建设“七个强省”奋斗目标，攻坚克难，开拓奋进，扎实推进高质量发展，新冠肺炎疫情防控取得重大决定性胜利，经济回升向好，现代化美好安徽建设迈出坚实步伐。

一、推动顶层设计全面发力

安徽省政府始终坚持把法治建设的重任扛在肩上、抓在手上，通过明确责任和监督机制，提升政府工作的法治化水平，努力打造一个更加规范、高效的政府治理体系。

——压紧压实“关键少数”责任。省政府主要负责人坚决落实法治政府建设第一责任人职责，多次召开省政府党组会议、省政府常务会议，研究行政立法、行政执法、法治化营商环境建设、法律顾问选聘等工作，省政府规章制定计划等法治政府建设中的重大事项及时向省委报告。全面实行权责清单制度，创新建立全省权责清单“即时动态与年度集中”相结合的动态调整机制，实现权责清单更高水平的全省统一规范和协同高效。将92部法律法规纳入全省领导干部应知应会党内法规和法律法规清单，推动领导干部带头尊法、学法、守法、用法。扎实开展领导干部述法，省、市、县三级现场述法1300余人、书面述法3万多人，实现应述尽述常态化，书面述法全覆盖。安徽省还积极探索创新其他公开述法形式，自觉接受人民群众监督和评价，增强述法工作的现场感、仪式感，推动述法工作“见人见事”。通过述法活动，领导干部带头尊法学法守法用法，提升法治素养。同时，对不履行或不正确履行推进法治建设职责的党政主要负责人依规依纪依法追责问责，确保述法工作的严肃性和实效性。安徽省委依法治省办印发通知，对党政主要负责人述法工作专门做出部署，确保领导干部年度述职报告中法治建设内容的准确性，并探索完善参与年终述职民主评议有关工作机制，推动述法结果与干部考核、评价、使用相结合。

——不断完善法治政府建设推进机制。省政府积极开展第三批全国法治政府建设示范创建申报活动，择优推荐示范地区（项目）8个，命名全省第二批法治政府建设示范地区（部门）和项目44个。将法治建设重点任务落实情况纳入省委巡视内容，反馈并推进整改问题44项；对6个市开展法治政府建设中期评估实地调研督查，1305项市县法治建设督察整改措施全部完成。首次召开全省府院府检联动工作电视电话会议，建立常态化交流会商机制，省市两级府院府检联动机制实现全覆盖。

二、加快推进政府职能转变

安徽省各级政府通过转变政府职能、优化法治化营商环境和深化政务服务，提高政府权力运行的效率和透明度。政府依法履职能力得到提升，营商环境改革成效显著，企业办事更加便利。同时，政务服务的数字化转型让民众享受到更加便捷和高效的服务，政府透明度和公众满意度均得到提升。

——持续转变政府职能。安徽省各级人民政府着力提升政府全面依法履职的能力和水平，出台《全省政府系统依法行政能力提升行动方案》，完成法治政府建设率先突破30项年度重点任务，推动政府行为全面纳入法治轨道。坚持以工业互联网思维改造政府工作流程，以及权责清单“全省一单”制度。推行1份信用报告代替赴多部门办理法院执行、发展改革、自然资源、生态环境、安全生产、人防、消防安全等40个领域无违法违规证明，切实减轻企业和基层部门负担。安徽省在企业开办注销、纳税服务、招标投标等领域营商环境评价指标达到或接近全国一流标杆水平，省级政府透明度指数位居全国第3。

——不断完善法治化营商环境。省政府提请省人大常委会出台《安徽省优化营商环境条例》，围绕推进营商环境法治保障体系建设，就新政策“适应调整期”、政务诚信诉讼执行协调、法律服务资源集聚区建设等作出多项规定，着力打造稳定公平透明可预期的法治化营商环境。深化公共政策兑现和政府履约践诺专项行动，摸排新增存量问题631件，兑现资金18.26亿元。省政府办公厅印发《安徽省人民政府办公厅关于印发创优营商环境对标提升举措（2023版）的通知》，创新开展依法护航企业高质量发展专项行动，推动建立全环节涉企案件经济影响评估制度。深入推进涉企政策“免申即享”“即申即享”，实现“涉企审批一网通办、惠企政策精准推送、政策兑现直达直享”，新增减税降费及退税缓费超860

亿元，兑付财政资金99.7亿元、惠及企业2.3万户。高标准启动建设安徽（合肥）创新法务区，突出“创新发展”金字招牌和“高端服务”价值导向，加快汇聚国内外高端优质法务资源。在2023年度全国工商联“万家民营企业评营商环境”中，安徽省继续位居全国第一方阵。

——推深做实政务服务。安徽省各级人民政府夯实政务服务工作基础，推进大数据、区块链、人工智能等新技术在政务服务中的融合和应用创新，推动政务服务由人力服务型、经验判断型向人机交互型、数据分析型转变。推行企业开办注销全程电子化，集成关联水电气、金融、证照等更多服务，拓展应用区域评估、用地清单制、多测合一、联合验收等机制，使工程建设项目审批更简便快捷。围绕“高效办成一件事”，全面推行诉求“一口收办”，设立“办不成事”反映窗口，213项高频事项“跨省通办”，152项服务长三角地区事项“一网通办”，52项居民服务事项“一卡通办”，40类电子证照互认应用，惠企政策兑现闭环机制等4项工作入选国务院办公厅“政务服务效能提升典型经验案例”。健全线上线下一体化帮办代办体系，提升帮办代办响应率、解决率和满意度，为项目提供全流程帮办代办服务。全省12345政务服务便民热线受理35万余件，按时办结率99.62%，群众满意率99.04%。

三、法治政府建设举措

安徽省各级政府致力于提升依法行政水平，通过加强立法工作、优化决策程序和严格管理规范性文件，推动法治政府建设。此举旨在确保政府决策科学、民主和合法，提高政府权力运行透明度，强化法治在社会治理中的作用，为构建更加完善的法治环境提供有力支撑。

——立法建规创新。安徽省人民政府围绕经济发展、科技创新、生态文明、改善民生等重要领域，在省级层面制定、修改法规18件，审查批准设区的市法规42件。在立法机制完善上，推进立法征求意见机制改革，省级层面建立基层立法联系点10个，聘请立法咨询员93人，征集并反馈市场主体、行业专家等方面意见建议153条。省政府还积极加强重点领域和新兴领域立法，加强与沪苏浙司法厅（局）沟通对接，推进长三角区域立法协同。

——决策程序优化。省政府根据《重大行政决策程序暂行条例》和《安徽省重大行政决策程序规定》，印发了《安徽省人民政府2023年重大行政决策事项目录清单》，对654件省政府决策事项开展合法性审查，提出审查意见910余条。省政府常务会议审议事项、重大决策事项合法性审查率达100%，要求决策事项承办单位严格执行公众参与、专家论证、风险评估、公平竞争审查、合法性审查、集体讨论决定和决策公布等程序，确保决策内容合法、程序规范、责任明确。省市党委办公厅（室）法治工作机构负责党口决策事项合法性审查。各级党委政法委员会负责加强社会稳定风险评估、司法行政机关负责同级政府重大决策合法性审查、市场监管部门负责公平竞争审查，四个部门建立健全联动机制，形成合力促进依法决策。对市县政府19846件决策事项开展合法性审查，提出审查意见31400余条，全面推进乡镇（街道）决策事项合法性审查工作。依托江淮大数据中心数据资源，在城市运行、生态环境监测、经济运行、管理效能评价等领域建立专业预测、分析、研判模型和算法，精准推送过程和结果数据，建立健全大数据辅助决策机制，提升科学决策能力。安徽省还实现“述、考、评、督、责”全链条贯通，强化“关键少数”尊法学法守法用法，要求县级以上党委和政府主要负责人以及工作部门、工作机构主要负责人开展述法，把依法决策作为领导干部述法的一项重要内容。

——规范文件管理。安徽省人民政府出台《安徽省行政规范性文件管理办法》（2022年1月1日起执行），对行政规范性文件的立项起草、制发流程、事后监管等各个管理环节均作了详细规定，包括控制发文数量、公开征求意见（一般不少于30日）、公平竞争审查、合法性审查、集体审议决定、公布等程序，将行政规范性文件管理工作纳入法治政府建设督察的内容，并对备案审查情况进行定期通报。同时，建立了行政机关与人民法院、人民检察院行政规范性文件审查衔接工作机制，确保监督的有效性。梳理现行有效省级政府部门和市、县、乡三级行政规范性文件21064件，清理省级层面不符合上位法规定、不适应经济社会发展需要的行政规范性文件47件，省本级完成规范性文件备案审查462件。建成全省法规规章规范性文件数据库平台，并向社会公开。

四、显著提升行政执法效能

安徽省政府强化协调监督，通过加强重点领域执法、优化行政执法方式、提升综合执法质效，推动综合行政执法更加严明规范。实施提升行政执法质量三年行动计划，建立行刑衔接信息系统，并组织大量人员参加行政执法资格认证考试，以提高执法人员的专业水平。同时，推行“综合查一次”改革和“无证明城市”建设试点，减轻群众和市场主体的证明负担，推动安徽省的行政执法工作更加规范、高效，提升了公众对执法工作的满意度和信任度。

——加强重点领域执法。严厉打击各类违法犯罪，扎实开展常态化扫黑除恶“打早除小”工作。深化重大事故隐患专项排查整治，生产安全事故起数下降9.4%（据省应急管理厅统计）。食品药品质量安全风险防控体系不断完善。气象、地震、防灾减灾等工作进一步加强。支持国防和军队现代化建设，军民科技协同创新、军地战略合作不断加强，深化国防动员体制改革落地有力，双拥共建、退役军人事务等工作取得新成效。

——优化行政执法方式。强化系统思维，加快打造智能高效的政务服务新模式。顺应数字化发展趋势，深入推进以工业互联网思维改造政府工作流程，增强工作系统性、整体性、协同性。健全部门协调配合机制，完善部门间相互支持、密切配合、信息共享联动机制，推进跨地域、跨部门、跨层级横向统筹和纵向协同。加快推进省以下财政体制改革，深化零基预算改革，以财政资金分配方式改革倒逼政府部门职能协同、行政资源高效配置。优化行政执法方式，规范行政裁量权基准制定和管理工作，推行“综合查一次”改革，对60个行业实行“进一次门、查多项事”，联合抽查率提升至92%。

——提升综合执法质效。组织2.4万人参加行政执法资格认证考试，通过率81.56%，发放行政执法证件2万余本。构建政务信息化项目建设新范式，实施数据工程和场景创新工程，提升皖事通、皖企通、皖政通功能。深化“放管服”改革，加快推进“一件事一次办”，优化“12345”政务服务便民热线，让市场主体和群众办事更便捷。省交通运输综合执法工作会议提出全面推行“执法123新模式”，即“一个引领”(党建引领)、“两度执法”(执法有力度、有温度)、“三为服务”(为民办实事、为企优环境、为交通护好航)，不断提升综合执法质效。

——抓实行政复议应诉工作。提升行政复议和应诉工作水平，深化行政复议体制改革，发挥行政复议化解行政争议主渠道作用，推行“繁简分流”审理模式。全年全省行政复议机关共收到行政复议申请13899件，同比增长39%；受理11822件，同比增长35%，办结9997件。全省法院办理一审行政应诉案件9382件，收案数首次超过了人民法院一审行政诉讼收案数。省政府本级收到行政复议申请409件，同比增长70%；受理245件，同比增长32%。全省行政复议机关复议后败诉率远低于全省行政诉讼案件败诉率。

五、有效化解各类矛盾纠纷

2023年，安徽省各级人民政府有效提升了社会治理和公共法律服务水平，通过构建矛盾纠纷多元化解机制，提高调解成功率，并坚持和发展新时代“枫桥经验”，建立社会矛盾纠纷调处化解中心。同时，常态化开展信访帮扶工作，解决大量群众关切问题。在公共法律服务方面，发布建设规划，全面提升法律服务供给，办理大量公证、司法鉴定、仲裁和法律援助案件，实施多项“法治为民办实事”项目，显著提高群众满意度。

——多元化解社会矛盾纠纷。常态化开展“解民忧清积案助基层”信访帮扶工作，建立人民调解、行政调解与司法调解“三调联动”工作机制，矛盾纠纷调解成功率多年保持在97%以上。更好发挥群团组织、社会组织作用，拓展基层群体有序参与基层治理渠道，共建共治共享幸福美好家园。坚持和发展新时代“枫桥经验”，组建县（市、区）社会矛盾纠纷调处化解中心，整合资源力量，建立现代社会治理综合体，实现人民群众矛盾纠纷调处化解“最多跑一地”。汇聚群众关切问题3.62万个、解决3.5万个；创建“一站式”安徽特色多元解纷体系，建成“百姓评理说事点”1.6万个。安庆市桐城市“六尺巷六步走”调解法获评全国“枫桥式工作法”，淮北“一杯茶”、黄山“作退一步想”等调解法入选全国基层社会治理典型案例。开展涉法涉诉信访事项化解攻坚行动，信访事项一次性化解率、群众满意率实现“双上升”。

——强化公共法律服务供给。发布《安徽省公共法律服务体系建设规划（2023—2025年）》，部署了全省新一轮公共法律服务体系三年建设规划，明确到2025年全省公共法律服务网络全面建成。安徽“八五”普法规划全面实施，法律援助深入人心，律师、公证、司法鉴定、仲裁等法律服务供给大幅提升，人民群众对公共法律服务的知晓率、首选率和满意率进一步提升。办理公证、司法鉴定、仲裁业务51.2万件；

办理法律援助案件8.88万件，为受援人挽回经济损失9.7亿元；省、市、县三级共实施“法治为民办实事”项目1160项。

六、多举措增进民生福祉

安徽省各级政府通过稳定就业、提高社会保障水平和促进公共文化服务升级来改善民生，努力提升民众的生活质量和社会福祉。

——多举措稳定扩大就业。落实落细就业优先政策，强化稳增长与稳就业良性互动。把促进青年人才特别是高校毕业生就业摆在更加突出位置，对中小微企业新招用毕业年度高校毕业生，签订1年以上劳动合同、稳定用工并依法缴纳社会保险费6个月以上的，按照每人1000元的标准给予一次性吸纳就业补贴，推动产业高质量发展和增加优质岗位供给更好结合。加强农民工、退役军人、就业困难人员创业扶持政策，对符合条件的高校毕业生、残疾人、退役军人等首次创办小微企业或从事个体经营的，按规定给予不低于5000元的一次性创业补贴；用人单位开发公益性岗位安置就业困难人员的，由就业补助资金给予岗位补贴，推进充分就业社区建设，构建“三公里”就业圈。支持灵活就业，对符合条件的应届高校毕业生，按照每人1500元标准发放一次性求职创业补贴；新返乡创业企业新增吸纳就业6个月以上人员的，由就业补助资金按照每人1000元标准给予企业一次性补助，加强新就业形态劳动者权益保护。

——提升社会保障水平。开展社保基金管理巩固提升行动，健全完善社保基金监管制度，保障基金安全。实施阶段性降低失业保险费率至1%的政策，参保单位和职工个人均按0.5%的缴费比例缴纳失业保险费，政策实施期限延长至2024年底。发布《安徽省人民政府关于对符合条件的被征地农民社会保障对象实行基本养老保险缴费补贴政策的通知》，提高被征地农民的养老保障水平。完善工伤保险省级统筹制度，发布《关于推进补充工伤保险发展有关问题的通知》，创新性将补充工伤保险保障范围扩大至包括新业态从业人员在内的各类就业人员。加强重要民生商品保供稳价，适时启动价格补贴联动机制。持续开展“根治欠薪”专项行动，切实维护劳动者合法权益。开展安全生产“三个狠抓”专项行动，加大重点行业、重点领域安全隐患排查整治，坚决遏制重特大事故发生。推动城市生命线产业在全国市场加快布局，加速形成产业集群。强化食品药品安全监管，提升农贸市场、学校食堂等重点场所监管水平。建设自然灾害综合监测预警系统，加强战略和应急物资储备。

——促进文化产品和服务提质升级。培育和践行社会主义核心价值观，用足用好用活红色资源，强化新时代爱国主义教育和公民道德建设。实施重点文艺项目、戏剧创作孵化计划。加快安徽省大运河国家文化公园、长江国家文化公园、凌家滩国家考古遗址公园等建设。繁荣发展新闻出版、广播影视、哲学社会科学，做好参事文史、档案方志等工作。创新实施文化惠民工程，打造众多“小且美”、业态多元新型文化空间。启动建设国家文化大数据体系安徽省域中心，发展壮大数字音乐、数字出版、视频直播产业基地。广泛开展全民健身活动，基本实现居住小区和行政村健身设施全覆盖。

七、营造更加浓厚法治氛围

安徽省各地政府多管齐下，在理论学习、实践推进、宣传教育等方面积极发力，营造浓厚法治氛围，为推动全省经济社会高质量发展筑牢坚实法治根基。

——高位推动法治宣传走深走实。安徽省各级政府深入开展学习贯彻习近平新时代中国特色社会主义思想主题教育，坚定不移用党的创新理论凝心铸魂。紧紧围绕“学思想、强党性、重实践、建新功”这一总要求，以“六破六立”为切入点，推动思想解放，以创新思维谋划法治宣传教育工作。积极开展各类培训与实战演练，促进干部能力大提升，使其能够更专业、高效地开展法治宣传。同时，狠抓作风大转变，杜绝形式主义，深入基层了解群众法治需求，切实将法治宣传教育工作做到群众心坎里，实现任务大落实，全面推动法治教育走深走实，取得了显著成效。

——加强习近平法治思想宣传。把学深悟透习近平法治思想作为重大政治任务，在全国率先组建宣讲团，组织习近平法治思想“面对面”宣讲近1.1万场，征集“学习研究践行习近平法治思想”理论成果300余篇，推动建立学习习近平法治思想常态化机制，完成16个市习近平法治思想专题培训，“示范学习、示范宣讲、示范培训”实现省、市、县三级全覆盖。

——创新法治宣传教育形式。在法治宣传教育方面，各地结合实际，创新形式开展丰富多样的法治宣传。合肥市打造“法治文化街区”，将法治元素融入市民日常生活场景，通过设置法治宣传栏、举办法治文艺演出等活动，吸引大量市民参与。芜湖市开展“送法进企业”系列活动，针对企业在合同签订、劳动纠纷等方面的常见法律问题，组织专业律师团队上门开展讲座与咨询服务超200场次，覆盖企业职工上万人，切实增强企业经营者与员工的法治意识，助力企业依法合规经营。

审判工作

2023年，安徽省法院系统紧紧围绕“努力让人民群众在每一个司法案件中感受到公平正义”目标，坚持“抓前端、治未病”，积极融入社会治理；坚持全面从严管党治院，锻造过硬法院队伍；主动接受人大、民主党派、检察和社会监督，通过多种渠道广泛听取各方意见和建议，持续改进工作，提升司法公信力。全年诉至全省法院案件总数229.4万件。其中，在立案前调解成功64.6万件、正在调解7.1万件；进入诉讼程序157.7万件，法定审限内结案率为97.1%；省高院受理诉讼案件1.9万件。

一、扎实开展思想教育

安徽省各级法院聚焦理论学习，深化思想认识，不断提升思想觉悟能力，锻造政治坚定、本领过硬的法院队伍，坚定政治站位，严守司法公正，积极履行审判职责，践行司法担当。

——加强党的创新理论武装。健全理论学习长效机制，举办专题读书班、院长研讨班，开展政治轮训，把习近平新时代中国特色社会主义思想列入培训必修课，从中悟规律、明方向、学方法、增智慧，不断提高政治判断力、政治领悟力、政治执行力。

——坚持党对法院工作的绝对领导。坚定不移走中国特色社会主义法治道路，对标党中央决策部署及省委工作要求，严格公正司法，对党忠诚、服务人民。认真贯彻《中国共产党政法工作条例》，及时向省委和省委政法委请示报告重大事项。加强党组对审判执行工作的领导，以党的领导责任压紧压实司法责任。

——强化履职尽责的政治担当。践行“四下基层”优良传统，大兴调查研究。围绕树牢正确政绩观，聚焦“六破六立”，开展司法作风治理。一年来，全省法院多元调解、扫黑除恶等工作在全国有关会议上交流经验，解决执行难、预防未成年人违法犯罪、司法建议等多项工作位居全国法院第一方阵。

二、建设更高水平的平安安徽

2023年全省围绕建设更高水平的平安安徽，贯彻宽严相济刑事政策，审结刑事案件6.3万件，判处罪犯8.4万人，惩罚犯罪，保护人民。

——坚决维护国家安全和社会稳定。坚决维护国家安全和社会稳定，始终将严惩各种渗透破坏、邪教等犯罪作为重要任务，以坚定的决心和有力的措施，维护国家政权安全、制度安全。严惩故意杀人、抢劫等严重暴力犯罪，始终保持严惩毒品犯罪的高压态势，以法治的力量守护社会安宁和人民安宁。在坚决打击犯罪的同时，依法适用认罪认罚从宽制度，坚持宽严相济的刑事政策，对于自愿认罪、真诚悔罪的犯罪嫌疑人、被告人，依法给予从宽处理。

——常态化开展扫黑除恶斗争。坚持“是黑恶犯罪一个不放过、不是黑恶犯罪一个不凑数”的原则，常态化开展扫黑除恶斗争。2023年，全省法院共受理一二审黑恶案件307件，审结涉黑涉恶案件274件；受理涉黑恶财产执行案件标的额6.26亿元，执行“黑财”6.1亿元。全省法院系统贯彻依法严惩方针，保持对黑恶犯罪的高压态势，坚持严的总基调不动摇，始终保持对黑恶势力及其“保护伞”的高压态势，依法严惩黑社会性质犯罪组织的组织者、领导者、骨干分子和恶势力犯罪组织的首要分子、纠集者，坚决打掉黑恶犯罪嚣张气焰。2023年生效黑恶案件判处犯罪分子1053人。全省法院强化打财断血，提升黑财处置效能。查明罪行与查清黑财并重，在审理阶段将涉案财产情况纳入法庭调查、辩论环节，切实查明财产来源、性质、用途、权属、价值，通过精准适用财产刑摧毁黑恶势力经济基础。另外，组织开展“惠民暖企”集中执行行动，将黑财执行作为一项重点任务强力推进，不断提升执行到位率。

——从严惩处危害群众切身利益的犯罪。审结盗窃、抢夺等多发性侵财犯罪案件7227件。在食品药品安全领域，严厉打击危害食品药品安全犯罪，保障公众的食品药品安全。重拳惩治电信网络诈骗犯罪，判处罪犯3458人。通过严厉的法律制裁，遏制电信网络诈骗犯罪的高发态势，保护人民群众的财产安全和个人隐私。依法惩治网络暴力，维护公民人格权益。

——依法惩治腐败犯罪。安徽省法院加强与纪检监察、检察机关协调配合，形成反腐败合力。全年共审结贪污、贿赂、渎职等犯罪案件676件758人。坚决惩治“蝇贪蚁腐”，严惩利用“影子公司”“影子股东”进行权力变现的腐败犯罪，依法对63名行贿人处以刑罚，有效震慑了那些企图“围猎”国家工作人员的不法商人和个人。这类犯罪行为严重破坏了市场经济秩序和公平竞争环境，损害了国家和人民的利益。通过对这些案件的坚决查处，司法机关展现了对腐败行为不留死角、不留情面的坚决态度。

三、护航经济社会高质量发展

2023年，全省法院系统深入贯彻新发展理念，充分发挥司法职能作用，服务经济社会高质量发展。全省法院系统审结民商事案件79.1万件，涉及标的额高达3480.5亿元。自觉将司法工作融入党和国家事业发展的大局中，确保司法活动与经济社会发展的需求相适应。坚持公正司法，依法保护各类市场主体的合法权益，维护公平竞争的市场环境。

——积极服务长三角一体化发展。在服务国家重大战略的实践中，全省法院紧紧围绕长三角一体化发展的司法需求，紧扣“一体化”和“高质量”两个关键词，主动服务长三角一体化发展。加大投资贸易、就业创业等司法保护力度，审结、执结涉沪苏浙企业案件4.4万件，以法治手段优化营商环境，激发市场活力。为进一步提升司法服务的便捷性和高效性，优化跨域立案服务，打破地域限制，为徽商皖企等各类市场主体提供了更加高效、便捷的司法服务，有力支持了长三角地区的经济交流与合作，促进了区域经济的融合发展。

——着力营造一流法治化营商环境。树立“人人都是营商环境、案案都是营商环境”理念，扎实开展护航企业高质量发展专项行动，审结涉企案件42.7万件。审结行政协议、行政允诺案件2051件，助力政府履约践诺。出台《关于依法保护民营企业产权和企业家权益的实施意见》，建立企业司法需求快速响应、涉企案件经济影响评估、院长约见接待企业家等机制。对8670家企业暂缓查封、冻结、扣押，为1.7万家企业修复信用。发挥破产拯救功能，府院联动盘活资产391.3亿元。省高院被评为“全省优化营商环境工作优秀单位”。

——全力保障创新型省份建设。安徽省各级法院在知识产权司法保护领域；共审结案件1.4万件，全力保障创新型省份建设。从专利侵权纠纷到著作权争议；从商标维权诉讼到商业秘密保护案件，法院通过公正审判，依法严厉打击侵权行为，为创新主体筑牢坚实后盾。同时，积极支持战略性新兴产业发展，制定服务打造汽车“首位产业”的14项有力举措。妥善审理涉新能源汽车、先进光伏等前沿产业案件，无论是技术研发中的合作纠纷，还是市场竞争中的不正当竞争案件，都能做到高效公正裁决，为新兴产业发展营造良好法治环境。

——切实加强生态环境司法保护。审结环境资源案件1.4万件，其中环境公益诉讼案件673件，4个案例入选最高人民法院发布的全国生态环境保护典型案例。围绕长江经济带、新安江生态保护和巢湖、淮河综合治理，依法打击非法捕捞、非法狩猎、非法采砂等犯罪行为。妥善审理涉农村黑臭水体、噪声扰民等案件。

——依法助力乡村振兴。积极服务“千村引领、万村升级”工程，为农业农村现代化提供有力的司法服务和保障。审结涉“三农”案件4.3万件，妥善化解农村电商、休闲农业等领域纠纷，助推农村产业融合发展，注重以法治手段优化农村营商环境，激发市场活力。通过加强农业知识产权保护，推动品种培优、品质提升、品牌打造和标准化生产，提升了农产品的市场竞争力。通过建立健全政策评估制度、建立常态化政企沟通联系机制、抓好惠企政策兑现等措施，确保政策的科学性、精准性和务实性。

四、坚持司法为民

全省法院系统认真落实“民声呼应”工作机制，认真践行人民至上的理念，努力办好每一个案件。人民群众诉讼服务业务满意率、现代化诉讼服务体系建设质效均位居全国前列。

——强化民生司法保障。审结涉民生案件13.6万件。省高院与省人社厅、省总工会等单位共同完善工作机制，加大对新业态从业者、高校毕业生、企业员工的保护。通过审结涉新业态劳动争议案件，明确劳动者的合法权益，纠正了一些企业通过劳务连环外包、诱导注册个体户等方式规避用工责任的行为。及时调处旅游纠纷，让百姓消费安心、舒心。帮扶困难当事人，对1693人予以司法救助。

——持续推进解决执行难。依法加大执行力度，开展“惠民暖企”执行行动，执结案件40.9万件，执结到位金额712.1亿元，以实际行动保障了胜诉当事人的合法权益。不断优化执行工作机制，全流程监管执行案款及时发放，确保执行案款的透明规范运行，提高了执行效率。提级、交叉执行重大案件267件，有效破解了执行难问题，维护司法权威。

——用心用情化解涉诉信访。全省法院系统以高度的责任感和使命感，用心用情化解涉诉信访问题。通过扎实开展涉诉信访化解攻坚行动，实现了存量信访化解率98.4%、增量信访化解率98.6%的显著成效，全年信访总量更是同比下降了14.6%。建立群众来信必复、领导包案办理首次信访等8项制度，全力做好送上门的群众工作。建立多元化纠纷解决机制，如通过调解、和解等方式，有效化解涉诉信访中的矛盾纠纷。

——加强未成年人司法保护。严惩拐卖、虐待等侵害未成年人违法犯罪。落实最有利于未成年人原则，确保未成年人的合法权益得到充分保护。不断加强未成年人审判组织建设，推进法官担任法治副校长工作，通过这一机制，法官们将专业法律知识与法治精神带进校园，化身宣讲员、引导员、监督员、指导员，书写了一段段院校合作的精彩故事。

——依法保障妇女、老年人合法权益。会同民政、妇联等单位完善家事纠纷化解机制，审结婚姻家庭案件10.7万件，以法治手段维护家庭和谐，促进社会稳定。常态化开展打击养老诈骗专项行动，坚决遏制针对老年人的违法犯罪行为，保护老年人的合法权益，让老年人安享幸福晚年。

——切实维护军人军属合法权益。通过三级法院成立涉军维权合议庭，确保军人军属的司法需求得到专业、高效的保障。在诉讼服务中心设立军人军属优先窗口，提供更加便捷、贴心的服务，确保军人军属的合法权益得到及时有效的保护。与军事法院建立涉军执行联动长效机制，强化军地协作，服务国防和军队现代化建设。

五、积极融入社会治理

践行新时代“枫桥经验”，坚持源头治理、预防为主，通过建立健全矛盾纠纷多元化解机制，最大限度把矛盾风险防范化解在基层，化解在萌芽状态。

——积极推动诉源治理。坚持把非诉讼纠纷解决机制挺在前面，会同司法行政机关加强对人民调解工作的指导，省高院制定人民法庭参与基层社会治理的意见，融入党委领导的社会治理体系。全年共发出综合治理类司法建议374份，采纳率显著提升。

——深入推进矛盾纠纷实质性化解。加强诉前调解，与省市场监管局等13家单位建立健全诉调对接机制。加强诉中调解，19.8万件进入诉讼程序的案件通过调解消除纷争。桐城法院“六尺巷六步走”调解法入选全国“枫桥式工作法”。深化府院联动，实质化解行政争议案件同比上升18.5%，全省行政机关负责人出庭应诉率保持100%。

——注重防范化解重大风险。省高院依法加大了对涉众型经济犯罪的打击力度，积极参与地方金融风险处置攻坚，以法治手段维护金融市场的稳定和安全，确保经济高质量发展。在房地产领域，密切关注房地产市场动态，与住建等部门紧密合作，共同研判项目停建、逾期交房等问题。稳妥审结房地产案件，确保国家“保交楼、保民生”政策的落实，维护了广大购房者的合法权益，促进了社会的和谐稳定。

——持续开展法治宣传教育。普法形式创新方面，认真落实“谁执法谁普法”普法责任制，将普法工作融入案件办理和信访化解的全过程，强化释法明理和判后答疑，确保人民群众在每一个司法案件中感受到公平正义的同时，也能体会到法治的力量和温度。法治宣传方式创新方面，用活案例，加强法治宣传，通过群众喜闻乐见的形式，让法律知识走进千家万户。在这一过程中，制作的4部普法微电影荣获最高人民法院“金法槌奖”。

六、提高司法质效和公信力

牢记公平正义是司法的灵魂和生命，将心比心，设身处地为群众着想，用真情实感做好审判工作，努力让人民群众在每一个司法案件中都能感受到公平正义。

——全面准确落实司法责任制。制定法官在办案中进一步落实司法责任的意见，引导法官在案件处理的第一环节就把化解矛盾的基本功做扎实，确保每个案件都能经得起法律和历史的检验。健全新型审判权力运行机制，认真落实“让审理者裁判”的要求，同时完善新型监督管理机制和惩戒制度，确保“由裁判者负责”。

——强化监督指导。安徽省各级法院多管齐下，全面强化监督指导工作。在立案环节，为切实保障当事人诉讼权利，出台了一系列规范登记立案和诉前调解的制度。通过组织专项督查整治行动，深入排查全省法院立案工作，对拖延立案、超期立案等不良现象进行严肃整顿，确保立案工作高效、规范开展。在审判流程中，不断加强审判监督力度。对于确有错误的案件，坚决依法改判，维护司法公正。同时，持续完善审委会、专业法官会议、合议庭工作规则，进一步明确各审判组织的职责权限，规范审判权运行，提高审判质量。此外，针对长期未结案件，开展专项清理工作，建立台账，明确责任，定期跟踪督促，有效提升了审判效率，为全省法院审判工作的高质量发展提供了坚实保障。

——改进办案质效考核评价。为切实做到聚焦实质解纷、实现案结事了，全省法院深入调研，广泛征求各方意见，成功构建起以人民满意为导向的办案质效考核评价体系。通过开展多轮研讨会议，明确各项考核指标权重，将群众满意度调查结果纳入关键考核项，确保司法工作精准对接人民期待，赢得人民认可。在具体工作推进中，法院尤为注重抓好案件比、案访比质效分析。依托信息化手段，对各类案件数据进行深度挖掘，精准定位案件办理流程中的薄弱环节。突出前端管理，强化立案审查、诉前调解等工作，从源头上把控案件质量。通过加强与当事人沟通，及时化解矛盾隐患，着力减少案生案、案生访现象，有效降低衍生诉讼案件发生率，全面提升司法办案质效，为法治安徽建设提供坚实保障。

七、坚持全面从严管党治院

坚持“忠专实”“勤正廉”，一体推进政治素质、业务素质、职业道德素质建设。全省法院34个集体、41名个人受到省级以上表彰表扬，29个案例和87篇裁判文书、论文在全国获奖，70个案例入选人民法院案例库。

——着力加强法院党的建设。全面加强人民法院党的建设，确保法院工作正确的政治方向。认真落实党建主体责任，强化领导干部“一岗双责”，推动党建与业务深度融合，以党建带队建促审判。定期通报党员法官办案质效，将党建工作成效作为评价法官工作的重要标准，激励党员法官发挥先锋模范作用。同时，建立基层党建工作督考机制，以严格的考核促进党建工作落实落地，不断提升基层党组织的政治功能和组织力。

——着力加强司法能力建设。突出实战实用实效培训干警。加强“法答网”应用，增强干警法律适用能力。推进新入职干警、新选任干部到一线锻炼，新遴选初任法官到基层任职，提升群众工作能力。坚持以实战、实用、实效为导向，大力开展干警培训工作，不断提升干警的业务能力和专业素养。高度重视“法答网”的应用，通过这一平台，干警们可以及时获取法律适用的最新信息和指导意见，有效提升法律适用的准确性和统一性。同时，积极推进新入职干警和新选任干部到一线锻炼，让他们在实践中磨砺意志、增长才干，新遴选的初任法官也被安排到基层任职，通过接触群众、了解群众，不断提升群众工作能力。

——着力加强纪律作风建设。坚持刀刃向内，坚决纠治办案中的形式主义、官僚主义，以实际行动维护司法公正和司法廉洁。严格落实防止干预司法“三个规定”[①]，人均记录

① 三个规定，即《领导干部干预司法活动、插手具体案件处理的记录、通报和责任追究规定》《司法机关内部人员过问案件的记录和责任追究规定》《关于进一步规范司法人员与当事人、律师、特殊关系人、中介组织接触交往行为的若干规定》

填报信息9.6条，以实际行动确保司法权力的依法独立公正行使。建立了法院党组与派驻纪检监察组定期会商机制，坚决惩治司法腐败，以零容忍的态度严惩滥用职权、徇私枉法行为。不断强化法院队伍的纪律意识和规矩意识，确保法院队伍的纯洁性，为维护社会公平正义、保障人民群众合法权益提供坚强有力的司法保障。

——审判权受人民监督。省高院认真接受省人大监督，同步贯彻省十四届人大一次会议精神，认真落实省人大常委会审议全省法院行政审判工作情况报告的意见，精心办理人大代表意见建议。邀请全国人大代表、省人大代表视察法院工作、评查案件、见证执行。自觉接受民主监督。认真办理省政协委员提案，走访各民主党派省级机关，通报工作情况、真诚听取意见建议。与省工商联两次联合召开民营企业家座谈会，共同为民营企业排忧解难。依法接受检察监督。与省检察院建立会商机制，认真办理检察建议，共同维护司法公正。广泛接受社会监督。举办开放日活动，召开新闻发布会，密切与媒体互动，接受舆论监督。人民陪审员参与审理案件6.1万件。

检察工作

2023年是全面贯彻落实党的二十大精神的开局之年，安徽省检察机关坚持以习近平新时代中国特色社会主义思想为指导，深入践行习近平法治思想和总体国家安全观。一年来，共受理各类案件23.9万件，同比上升25.1%。其中，办理监督案件11.7万件，同比上升60%。共有48件案件入选全国检察机关典型案例，37个集体、21名个人受到省部级以上表彰；2名检察官被最高检授予“全国模范检察官”称号；3个集体、5名个人被最高检记一等功；13项工作得到最高检和省委领导批示肯定；18项工作经验被最高检推介。安徽省检察院连续14年被评为全省平安建设优秀单位、连续9年获评全省信访工作责任目标考核优秀单位。

一、持续提升政治建检质效

通过加强政治建设，安徽省检察机关能够确保在党的全面领导下开展工作，保证检察工作始终沿着正确的政治方向前进。加强政治建设有助于检察人员严守政治纪律和政治规矩，确保在司法办案中不触碰红线，维护司法公正。

——深入开展思想理论主题教育。将理论学习贯穿始终，引领检察人员学思用贯通、知信行统一。大兴调查研究，围绕17个重点课题开展调研，推动64个问题有效解决。一体整改整治，围绕8个方面问题，研究制定189项解决措施，形成27个典型案事例。

——构建党对检察工作的全面领导机制。深化行刑衔接、法检会商等工作机制，增强工作合力。严格执行《中国共产党政法工作条例》，主动向省委、省委政法委请示报告重大事项19件次。落实党内政治监督要求，积极配合最高检党组巡视，强化问题整改，已立行立改6个方面问题。

——推动各类监督与法律监督贯通衔接。深化党委政法委执法监督与法律监督衔接工作，办理党委政法委交办案件线索573件。建立政协民主监督与法律监督衔接机制，转化政协委员提案为公益诉讼案件696件，转化公益诉讼线索为政协委员提案42件。建立舆论监督与法律监督衔接良性互动机制，检察机关从舆论渠道获取线索85条，立案67件。

二、依法护航安徽高质量发展

法治是最好的营商环境。作为营造一流法治化营商环境的重要力量，安徽省检察机关主动担当作为，创新方法手段，在助力打造法治化营商环境方面做了大量卓有成效的工作。全省检察机关按照最高检和省委的部署要求，不断提升法律监督质效，依法护航安徽高质量发展。

——坚决维护国家安全和社会稳定。2023年安徽省检察院共批捕犯罪嫌疑人23789人，提起公诉78760人。贯彻总体国家安全观，严厉打击危害国家安全犯罪。常态化开展扫黑除恶斗争，起诉涉黑涉恶犯罪1484人，直接立案侦查“保护伞”14人。从严从快惩治严重暴力犯罪，起诉故意杀人、抢劫等犯罪2474人。保持对涉众型犯罪的高压态势，依法起诉电信网络诈骗、非法集资等犯罪4041人。

——助力打造一流法治化营商环境。积极参与“政法护航”“民营企业司法保护”专项行动，起诉破坏市场经济秩序犯罪6451人。深化涉案企业合规改革，创立涉企案件“周末会商”机制，办理合规案件151件。深化“企业家约见检察长”工作，三级院检察长共接待企业家1539人次，帮助解决问题745个。

针对招商引资、招才引智、支持创新创业等方面有明确要求的公共政策兑现不全面、不及时，行政协议履行不到位等损害经营主体权益的问题，安徽省检察机关自2023年7月起，依托“府检联动”机制，与安徽省各级党委、政府同频共振、同向发力、同心同行，共同开展促进公共政策兑现和政府履约践诺督察监督工作。一年来，安徽省检察机关主动排查审查问题线索1200余条，针对有关行政机关怠于兑现公共政策和未及时履约及毁约问题，依法制发检察建议136件，督促兑现资金3.8亿余元，进一步推动各级政府及其部门有约必履、有诺必践。在全省政法机关依法护航企业高质量发展专项行动暨协同化机制化常态化推进工作新闻发布会上，现场发布2023年全省政法机关依法护航企业高质量发展十大典型案例。十大典型案例中，三个案例聚焦依法严惩侵企犯罪，有力维护企业合法权益，对侵犯企业和企业家权益的犯罪案件，坚持重拳出击，依法快侦快破，同时指导企业完善制度、堵塞漏洞。芜湖市公安机关通过循线深挖，一举打掉了敲诈勒索食品生产企业的犯罪团伙，并指导企业建立“食品行业品牌维权联盟”。该案例也入选最高检指导案例。蚌埠市公安机关通过合成作战快速侦破了公安部挂牌督办的生产销售假冒注册商标的商品案，彰显了加强知识产权执法司法保护的决心，提供了打击跨区域网络犯罪、深化行刑衔接的样板。马鞍山市检察机关在办理企业内部人员涉嫌非国家工作人员受贿案时，坚持快捕快诉，促使该企业收回欠款34.16亿元，同时通过建立驻企工作站、制发检察建议等指导企业完善管理制度。

——主动服务重大战略实施。聚焦乡村振兴战略，开展专项行动，起诉损害“三农”犯罪789人，办理公益诉讼案件3380件。聚焦创新驱动发展战略，起诉侵犯知识产权犯罪1530人，办理涉知识产权公益诉讼案件50件。聚焦长三角一体化发展战略，司法协作拓宽至社会治理、文化遗产保护等新领域。聚焦绿色发展战略，起诉破坏环境资源犯罪2196人，办理生态环境和资源保护公益诉讼案件4797件。

——助推社会治理体系和治理能力现代化。安徽省检察院与省政府联合开展促进公共政策兑现和政府履约践诺督察监督工作，依法制发检察建议73件，督促兑现金额1.2亿余元。推进轻罪治理体系建设，对主观恶性不大、初犯和情节轻微的犯罪，依法适用相对不起诉和认罪认罚从宽制度。聚焦养老机构监管制度不健全、电商平台运营不规范等问题，向主管部门制发社会治理检察建议2413件，同比上升45.3%。

三、持续提升为民司法质效

聚焦以检察工作现代化服务保障中国式现代化，省检察院守正创新、担当作为，深化府检联动，与省政府联合在全国率先开展促进公共政策兑现和政府履约践诺督察工作；配合省人大常委会在全国率先出台《关于进一步加强检察建议工作的决议》，有力增强检察建议刚性；在全国检察机关率先成立省市检察工作现代化研究中心，并形成22项研究成果。合肥市检察院入选全国首批重大职务犯罪办案基地。重复信访化解率、群众满意度和检务公开透明度连续多年走在全国检察机关前列。

——倾力守护群众身边安全。深度参与“治违禁、控残留、促提升”三年行动，起诉危害食品药品安全犯罪1230人，办理公益诉讼案件1984件。坚决守护生产安全，起诉危害安全生产犯罪205人，办理公益诉讼案件1027件。坚决守护公民个人信息安全，加大打击整治力度，起诉泄露贩卖个人信息等犯罪335人。

——注重回应群众司法关切。深化检察监督护航民生民利“5+N”活动，运用法治手段解决群众身边的急难愁盼问题。开展“检察蓝”助力根治拖欠农民工工资专项行动，起诉拒不支付劳动报酬犯罪120人，支持农民工讨薪起诉4344件。深化“民声呼应·温暖控申”亮面建设，接收群众信访同比下降7.8%，重复信访化解率和群众满意度均位居全国前列。

——强化特殊群体权益保护。加强未成年人检察综合履职，依据《刑法》第三十七条之一款提出从业禁止量刑建议80件，督促开展入职查询136287人次；起诉侵害未成年人犯罪2842人、对未成年犯罪嫌疑人作出附条件不起诉决定1360

人。加强妇女、老年人权益保护，深化守护“半边天”“夕阳红”专项监督，起诉侵害老年人权益犯罪2474人、起诉家庭暴力犯罪23人。强化军人军属权益保护，起诉破坏军婚等犯罪10人，开展涉军司法救助53人。

——开展特殊群体民事起诉支持。安徽省检察院专门出台《关于高质效开展民事支持起诉工作的意见》（以下简称《意见》），要求聚焦特殊群体权益保护，畅通司法救济渠道，帮助和支持不敢、不能起诉的特殊群体提起诉讼，保障当事人诉权实质平等。《意见》明确，民事支持起诉的对象包括未成年人、老年人、残疾人、妇女、农民工等诉讼能力偏弱的民事主体以及军人、军人家属等依照法律、行政法规规定可以支持起诉的其他民事主体，重点办理涉家庭暴力，撤销、变更监护权，追索抚养费，就业权益保障等案件。《意见》强调，要聚焦人民群众急难愁盼问题，在个人信息保护、知识产权保护、新就业形态劳动者权益保护等领域稳妥探索支持起诉。履职中，对于起诉维权取证能力欠缺或者具有客观障碍的，检察院可以围绕法定起诉条件开展调查核实，综合运用提供法律咨询、加强释法说理、协助收集证据、提出支持起诉意见、协调提供法律援助等方式，为特殊群体起诉维权提供帮助。特殊群体权益保护是一项系统工作，需要各方协同推进。为此，《意见》强调，要充分发挥“府检联动”机制作用，主动加强与法院、公安、人社、民政、工会、妇联等单位的沟通协调，实现线索及时移送、案件协作配合、信息资源共享、工作有效衔接，形成维护特殊群体合法权益的整体合力。

四、持续提升法律监督质效

法律监督为经济社会发展提供了法治保障，通过打击经济犯罪、保护知识产权、维护市场秩序等，为经济社会高质量发展创造了良好的法治环境。2023年，安徽检察机关围绕以检察工作现代化服务中国式现代化建设，忠诚履职、奋勇争先，全力护航现代化美好安徽建设，各项工作取得积极成效。全省检察机关共有48个案例入选最高检典型案例；民事深层次违法监督、检察侦查、深化检察人员考核等18项工作或在全国性会议上作经验交流，或被最高检刊发推介。在主题教育中，安徽检察机关坚持边学习、边对照、边检视、边整改，省检察院党组检视出8个方面问题，研究制定整改措施189项，推进破难题、解新题，形成整改整治典型案例27个，新制定规范性文件42项。

——深化刑事检察监督。强化侦查监督与协作配合办公室实质化、规范化运行，监督立案3153件，撤案3160件；纠正漏捕漏诉4922件；书面纠正侦查活动违法7639件。加强刑事审判监督，书面纠正刑事审判活动违法1803件，采纳率100%；对认为确有错误的刑事裁判提出抗诉433件，采纳率87.4%。强化刑事执行活动监督，推进监狱巡回检察试点，书面监督纠正减刑、假释、暂予监外执行不当3130人。

——强化民事检察监督。开展民事检察监督质效“攻坚年”活动，受理案件14533件，同比上升35.5%。其中，提出抗诉310件，抗诉采纳率91.4%；提出再审检察建议533件，采纳率90.1%。开展虚假司法确认、仲裁公证和民事裁判等深层次违法行为专项监督，监督纠正虚假诉讼303件。强化民事执行活动监督，书面提出民事执行活动违法检察建议2729件，起诉拒不执行判决、裁定犯罪153人。

——做实行政检察监督。省检察院依据《人民检察院组织法》相关规定，单独设立行政检察部门，全省共办理各类行政监督案件3136件。探索开展行政违法行为检察监督，针对行政机关违法行使职权或者不行使职权，办理监督案件1727件。常态化做好行政争议实质性化解，加强行政检察与行政调解、行政复议、行政审判等有机衔接，化解行政争议150件。

——提升公益诉讼检察精准性、规范性。办理公益诉讼案件11447件，同比上升31.6%。其中，提起公益诉讼1901件，同比上升37.5%。强化四大法定领域（生态环境和资源保护、食品药品安全、国有财产保护、国有土地使用权出让）公共利益保护，督促修复林地、耕地、湿地、湖泊491.7公顷，督促保护、收回国有财产和权益价值8065.3万元。稳妥拓展其他办案领域，开展古村落保护、无障碍环境建设等领域公益诉讼专项监督。

——积极参与反腐败斗争。审查起诉职务犯罪853件，决定起诉684人。坚持受贿行贿一起查，出台《惩治行贿犯罪"八个一"工作举措》，起诉行贿犯罪101人。稳步推进检察侦查工作，推动省市两级检察院设立检察侦查部门，激活"机动侦查权"，立案侦查司法工作人员相关职务犯罪65人，立案办理"机动侦查"案件4件。

——有效打击民生违法行为。安徽省检察机关共办理骗取医保基金、金融贷款，逃避环保税、利息税、耕地税，制售伪劣消防器材等事关民生民利、社会普遍关切的系列案件共计4300余件，制发各类检察建议1300余件，提出抗诉136件，制发纠正违法通知书580份，直接为国家挽回经济损失3490余万元，为4亿元国有资金保驾护航，并会同相关主管部门推动解决一批社会治理难题。

——各项工作成绩斐然。2023年安徽省检察系统典型案例中，1件案例被评为最高人民检察院“2023年度十大行政检察典型案例”，同时入选指导性案例备选案例；4件案例入选最高检典型案例、8件案例入选最高检优秀案例、2份法律文书被评为全国优秀检察文书；2人荣获“全国行政检察业务能手”称号；“空壳公司”清理、公共政策兑现和政府履约践诺专项监督行动被最高检评为“全面深化行政检察监督依法护航民生民利”优秀特色“小专项”。

五、持续提升改革创新质效

安徽省持续提升改革创新质效，赋能检察工作现代化，不仅提升了自身的工作质量和效率，也为法治安徽、平安安徽建设提供了有力的司法保障。

——推进高质效办案机制建设。9项案件质量主要评价指标位居全国前列、14项指标优于全国通报值。推进各类案件繁简分流、快慢分道，全省一审公诉案件办案时长同比缩短24.6%；刑事案件速裁程序适用率36.5%，增长3.5个百分点。加强案例指导，常态化开展典型案例、精品案例选育工作。

——推进检察履职体系建设。安徽省检察机关为了提升检察工作的系统性和协同性，应当着力强化纵向联动机制，探索建立跟进监督、接续监督机制，增强贯通上下的检察工作合力。强化横向协作，建立健全法律监督线索内部移送机制。制定详细的线索移送流程和标准，确保各部门在发现监督线索时能够及时、准确地移送至相关部门；利用信息技术建立一个共享平台，使各部门能够便捷地交流信息，共享资源，提高工作效率。

——积极实施数字检察战略。强化数据整合，推进数字检察“六大中心”（数据治理中心、线索研判中心、办案指挥中心、模型创新中心、学习研究中心、能力支撑中心）建设，收集整理各类数据8000余万条。强化技术支撑，设计并上线运行法律监督模型395个。开展大数据法律监督专项行动，办理监督案件4368件，直接为国家挽回损失3490余万元。10个典型案例包括：网络销售伪劣灭火器大数据法律监督案，村卫生室骗取医保大数据法律监督案，商品房买卖领域“霸王条款”大数据法律监督案，商业银行贷款逾期监管缺失和贷款赌博大数据法律监督案，“空壳公司”大数据法律监督案，环保税、耕地占用税、利息税漏缴少缴大数据法律监督案，“逃债型”虚假诉讼大数据法律监督案，特种作业领域作业人员未持证、持假证上岗大数据法律监督案，网络餐饮外卖平台违规经营大数据法律监督案，工程建设领域串通投标大数据法律监督案。

淮北市检察机关针对办案中发现的网络销售伪劣灭火器线索，快速开发监督模型，通过大数据分析，发现并移送相关案件线索348条，涉及全国27个省份，该模型荣获全国检察机关大数据法律监督模型竞赛一等奖。

——打造数字检察法律监督平台。省检察院探索研发了数字检察法律监督平台，尝试一站式解决数字检察办案的技术支撑问题，一揽子解决基层的现实困难。平台集数据治理中心、线索研判中心、模型创新中心、办案指挥中心、能力支撑中心、学习研究中心于一体，为全省三级检察机关大数据办案提供数据治理、分析研判等服务，为大数据专项行动的开展提供了扎实的技术支撑。该平台被评为2023年全国政法智能化装备展智慧检务十大创新案例。

六、持续提升检察队伍建设和检务管理水平

安徽省检察机关着力加强自身建设，为检察工作的高质量发展奠定坚实基础，更好地服务经济社会的发展和民生需求。

——全面提升队伍履职素能。坚持人才强检，1名检察人员被评为全国检察业务专家，7名检察人员荣获全国检察业务“标兵”“能手”称号，1名检察干警以第一名的成绩荣获“十佳公诉人”称号。开展同堂培训，与省高院、省公安厅、省司法厅等单位同堂培训445人次。完善专家咨询委员会制度，全面推开行政机关专业人员兼任检察官助理工作。

——扎实推进基层基础建设。在党委领导下选优配强市县检察院领导班子成员110名。深化“品牌、典型”双引领争创活动，安庆市望江县检察院被评为全国模范检察院，蚌埠市蚌山区检察院、池州市检察院第六检察部被最高检荣记集体一等功，宿州市检察院“精·心塑检”案例获评第二批

全国检察机关党建与业务深度融合“十佳案例”。

——深入推进全面从严治检。严格执行与驻院纪检监察组会商制度，对白湖检察院、九成坂检察院开展政治巡察。开展“六破六立”专题大讨论，向全体检察人员制发《干警八小时外自警自律倡议书》。一体推进“三不腐”、防治“灯下黑”（指内部监督盲区）机制建设，共填报“三个规定”等重大事项10554件，同比增长55%。常态化开展“以案为鉴，着力改进作风”警示教育，纪检监察机关立案调查审查违纪违法检察人员33人，同比下降13.2%。

——积极回应监督并推进阳光检务。2023年，安徽省检察院认真落实省十四届人大一次会议决议，对代表提出的20件议案建议制定办理事项清单，并已全部办结并回复。向省人大常委会专题报告检察建议工作情况，配合省人大常委会在全国率先出台《关于进一步加强检察建议工作的决议》。主动向省政协通报检察工作，办结并答复政协委员提案12件。邀请省人大代表、政协委员对检察工作开展交叉视察，听取意见建议。推进阳光检察，省检察院召开新闻发布会12场，公开检务信息11万余条，检务公开透明度连续多年走在全国检察机关前列。

司法行政工作

2023年是全面贯彻党的二十大精神的开局之年，也是三年新冠疫情防控转段后经济恢复发展的一年。全省司法行政系统在以习近平同志为核心的党中央坚强领导下，认真贯彻落实省委、省政府部署要求，实干担当，开拓创新，推动全省司法行政系统在高质量发展上取得新成效。

一、深化矫治体系建设

全省司法行政系统坚持以政治建设为统领，以法治建设为根本，以改革创新为动力，统筹推动全面依法治省和司法行政工作高质量发展，党的政治建设取得新成效，依法治省工作得到新加强，法治政府建设实现新突破，法治为民服务彰显新担当，维稳促安取得新进展，司法行政改革释放新活力。

——监狱各项工作扎实推进。2023年，全省监狱系统深入学习贯彻习近平新时代中国特色社会主义思想，以时代发展的要求全面审视监狱工作，以积极主动的奋进姿态倾力服务大局，以强烈的使命担当推动监狱工作高质量发展，以从严从实的举措锻造监狱铁军队伍，全省监狱工作呈现出新气象，彰显了新作为，取得了新成效。2023年安徽省监狱管理局主动公开情况，并及时更新中央、省委和省政府发布的重要文件和政策解读，及时转载党中央、国务院、省委、省政府和司法部有关监狱工作的重要法律法规、决策部署及工作要求，及时公开招标采购信息、年度预算决算等信息。更新了主动公开最新法律法规、政策解读以及媒体聚焦栏目40条，展示监狱工作与重要活动的监狱动态栏目202条，聚焦监狱作风建设和警察精神风貌的栏目62条，招标采购信息7条。公开公示全省监狱会见日时间，主动公示暂予监外执行决定书51本。搭建社会公众与监狱方面的沟通交流、表达诉求的有效渠道，受理来电6100余个，网站留言办理741件，“安徽监狱”微信微博全年发布信息2156条。通过部门网站和政府信息公开平台发布了1044条信息，包括法律法规、政策解读、监狱工作动态、预算决算等。这些措施旨在提高政务服务透明度和便利度，以及加强政策解读和回应社会关切，全力保障人民的知情权、参与权、表达权、监督权。

——监狱政务公开高效开展。2023年，省监狱管理局坚持以公开促落实，以公开促规范，以公开促服务，紧紧围绕省委、省政府重大决策部署及公众关切，聚焦监狱工作，加强政务公开整体谋划。根据省局人事变动，及时调整政务公开和政府信息公开领导小组成员，明确由局办公室承担省监狱管理局政务公开和政府信息公开日常工作，并将政务公开和政府信息公开工作经费纳入财政预算，有效保障了必要的经费支出。发布《关于印发2023年全省政务公开重点工作清单及省监狱局任务分工方案的通知》，对全年工作任务进行详细分解，明确牵头单位、责任单位、完成时限，并按方案时间节点提醒督促、检查验收各部门及省直监狱单位的工作任务完成情况，推动与各部门、各监狱单位之间的系统联动。

——社区矫正工作高质量推进。2023年，安徽省深入贯彻落实国家关于社区矫正工作的决策部署，紧紧围绕维护社会和谐稳定的目标，探索社区矫正工作模式创新，积极推进社会力量参与社区矫正工作，取得了显著成效。安徽省司法厅选派117名民警参与社区矫正工作，累计参加社区矫正调查评估5600余次、矫正宣告1.8万人次，协助核查社区矫正对象7.6万人次，参与有关事项审批和调查核实1000余人次、个别谈话3.4万人次，协助开展集中教育、公益活动3500余次。有制才能“有治”，“善制”方能“善治”。全省司法行政系统严格执行2021年出台的《安徽省社区矫正矫情分析办法》，省级每半年、市级每季度、县级每月和司法所每周召开矫情分析会议，分层分级研判形势，有力提升监测防范能力。通过加强社会组织培育发展、建强社会工作专业人才队伍、搭好社区服务平台等工作，全省社区矫正工作专业化水平得到有效提升。全省共有社区矫正社会工作者超3000人，为社区矫正工作提供了有力的人才保障。通过分类管理、个别化矫正等措施，全省社区矫正对象重新犯罪率逐年下降，有力维护了社会和谐稳定。

——戒毒工作规范化建设显著提升。2023年，安徽禁毒部门认真贯彻习近平总书记关于禁毒工作重要指示精神和党中央、国务院决策部署，积极应对疫情防控平稳转段后毒情形势变化，深入开展“清源断流”行动，大力整治突出毒品问题，全力防控毒品问题反弹风险，推动禁毒工作取得显著成效。2023年扎实开展全省戒毒工作规范化建设提升年活动，新建制度72件、修订35件；部署“六无”安全竞赛，开展场所本质安全调研，发现并整改问题55个；常态化开展“135”应急实战演练；开展科学戒毒案例库、专家库、成果库“三库”建设，首次举办科学戒治成果发布会，选聘戒治专家41名。安徽省优势教育戒治项目亮相全国展，4部课程入选部局百部优秀精品视频课程，“黄丝带帮教”工作受到民盟中央、司法部联合表彰。在合肥市瑶海区建成首家省级社戒社康综合示范指导站。积极探索戒毒所管理机制改革，有效统筹戒毒资源充分利用，有效推动戒毒职能充分履行。

——惩处毒品犯罪宽严相济。在惩处毒品犯罪方面，始终把依法妥善审理好毒品案件作为全省法院参与禁毒斗争的中心任务。严格执行法律及司法解释规定，把牢事实关、证据关、程序关和法律适用关，确保办理的每一起毒品犯罪案件都经得起法律和历史的检验。突出打击重点，对走私、制造毒品、贩卖大宗毒品等严重毒品犯罪，对毒枭、职业毒犯、累犯、毒品再犯等主观恶性深、人身危险性大的犯罪分子，坚决依法从严惩处。贯彻宽严相济原则，对于具有自首、立功、初犯、认罪认罚、真诚悔罪等法定、酌定从宽处罚情节，或者种植毒品原植物数量较少等罪行较轻的毒品犯罪分子，依法从宽处罚。强化打财断血，2023年全省法院对毒品罪犯并处罚金、没收财产共计600余人，占同期涉毒罪犯的90%以上。

——防范毒品宣传多管齐下。在参与综合治理上，全省各级法院通过开展庭审直播、送法进校园、进乡村等方式，持续开展日常禁毒宣传教育。对毒品案件审判中发现的治安隐患和社会管理漏洞，向相关行业管理部门提出司法建议。结合少年法庭宣传工作，落实对涉毒未成年人的立体帮教。针对判处缓刑的毒品罪犯，加强与社区矫正机构的对接，落实专人负责、定期回访制度。

二、推进现代化队伍体系建设

——不断加强理论学习。推进现代化队伍体系建设离不开理论学习，2023年淮南市纪委监委深入开展普法宣传与纪法教育，全面加强法治机关建设，坚持领导班子带头领学，健全完善理论学习中心组常态化学法制度，以学习贯彻习近平新时代中国特色社会主义思想为主线，将党内法规、法律法规学习纳入《淮南市纪委监委2023年理论学习中心组学习计划》，把《宪法》《中国共产党纪律检查委员会工作条例》《中华人民共和国监察法实施条例》《信访工作条例》《纪检监察机关派驻机构工作规则》等法律法规作为理论学习中心组学习重要内容，持续深入学习贯彻党的二十大精神、《习近平谈治国理政》各卷，及时跟进学习习近平总书记最新重要讲话指示批示、习近平总书记全面依法治国新理念新思想新战略、习近平总书记关于全面从严治党的重要论述，2023年度组织开展理论学习中心组学习13次。促进全员共学，制定印发委机关“一月一法”学习手册，结合主题教育和教育整顿，通过“清风讲堂”、青年干部培训班、主题党日、支部学习等活动引领机关全体纪检监察干部学法守法、懂法用法。组织机关正科级及以上干部参加宪法知识测试，合格率达100%。组织全市纪检监察干部参加安徽省党纪法规“半月一赛”“淮南党纪法规个性化测试”“党的二十大精神学习测试”等，实测人数已超2万人次。落实干部职工旁听案件庭审制度，组织党员干部赴淮南中院旁听职务犯罪案件庭审。

——注重持续开展法治宣传教育。在法治教育上，通过普法宣传周、“12·4”国家宪法日等重要时间节点，充分运用宣传栏、淮南纪检监察网、微信公众号等载体，积极开展《宪法》《中国共产党纪律检查委员会工作条例》《中华人民共和国监察法实施条例》《信访工作条例》《纪检监察机关派驻机构工作规则》等党内法规、法律法规的宣传教育，举办宪法宣誓活动，大力营造浓厚法治氛围。将法治教育与警示教育相结合，通过以案促改警示教育筑牢纪法底线意识。加强对重大典型案例的深度剖析，组织拍摄《掉队的赶考人》警示教育片，召开全市领导干部警示教育大会，对全市广大党员领导干部进行覆盖式警示教育，达到“处理一人、教育一片、警醒一方”的良好效果。

——精心开展主题教育。2023年安徽省组织开展学习贯彻习近平新时代中国特色社会主义思想主题教育，牢牢把握“学思想、强党性、重实践、建新功”的总要求，在推动学习贯彻习近平新时代中国特色社会主义思想走深走实上下功夫，教育引导党员干部不断提高政治判断力、政治领悟力、政治执行力，增强“四个意识”、坚定“四个自信”、做到“两个维护”，始终在思想上政治上行动上同以习近平同志为核心的党中央保持高度一致。教育引导广大党员干部树立正确的权力观、政绩观、事业观，增强责任感和使命感，不断提高推动高质量发展本领、服务群众本领、防范化解风险本领。省委常委会坚持以身作则、率先垂范，通过省委常委会会议、理论学习中心组学习会议等，认真学习习近平总书记关于安徽工作的重要讲话重要指示精神、最新重要讲话和文章、有关主题教育系列重要讲话精神；利用3天时间举办了省委主题教育第一阶段读书班，省级领导干部集中封闭学习，观看习近平总书记考察安徽视频，聆听专家专题辅导，认真开展自学和交流研讨。省直各单位积极跟进，开展理论学习中心组学习305次、专题研讨215次，94家单位举办了读书班；1364个党支部组织党员围绕过去学得怎么样、现在干得怎么样、将来打算怎么办开展“三问”交流，组织党员接受党性教育8.57万人次。

——营造实干服务民生作风。全省结合习近平总书记考察安徽7周年系列活动，分别召开深入推进创新型省份建设、加快建设农业强省全面推进乡村振兴大会，举办第二届中国（安徽）科技创新成果转化交易会。总结运用安徽实践经验，落实“竞争激励”机制，召开了省辖市市委书记市长季度工作会议，通报工作实绩和位置排名，激励各地各部门对标国内一流找差距、补短板、争先进。用好“民声呼应”载体，扎实办好民生实事，深入开展10项暖民心行动，87家单位建立了民生项目清单，解决群众诉求、化解信访问题2041件。

——深化党风廉政反腐建设。安徽省司法行政系统高度重视司法行政队伍的廉政建设，着力加强党风廉政建设和反腐败斗争，不断提高党的领导水平和执政水平，提高拒腐防变和抵御风险能力，增强党自我净化、自我完善、自我革新、自我提高能力。2023年，安徽省在党风廉政建设和反腐败斗争方面取得了显著成效。根据省纪委监委通报，全年共立案20969件，其中包括厅级干部案件55件；给予党纪政务处分19343人，其中厅级干部57人。在查处违反政治纪律方面，全省共处分344人，包括省管干部21人。

——多管齐下筑牢廉政生态。省纪委监委加强了对“一把手”和领导班子的监督，约谈了24334名领导班子成员和重点岗位人员，处分了185名县处级及以上“一把手”。为了坚决清除系统性腐败风险隐患，省纪委监委部署开展了城市绿化工程领域腐败问题专项整治，持续深化粮食购销领域腐败问题专项整治，并配合开展统计造假专项治理、医药领域腐败问题集中整治。此外，还深入开展了“天网2023”行动，构建了追逃防逃追赃机制，严肃查处了群众身边的“蝇贪蚁腐”，共查处民生领域腐败和作风问题1745起，给予党纪政务处分1369人。省纪委监委还把党的纪律建设摆在突出位置，坚决维护纪律的刚性和严肃性，准确运用“四种形态”批评教育和处理64439人次，认真落实“三个区分开来”要求，常态化开展容错纠错、澄清正名等工作。在巡视巡察方面，省纪委监委实现了对市县党委常规巡视的全覆盖，对96个市县纪委监委机关、组织部同步开展了提级巡视巡察，对584个城市绿化工程领域相关单位进行了精准专项巡察，对158个开发区（景区、园区）开展了联动巡视巡察。

三、加强普法宣传教育

——创新开展法治宣传教育。借助“翔天净网”技术监管平台，将《反有组织犯罪法》《未成年人保护法》等接入全省网吧40多万台电脑终端开机界面，“零距离”普法8501万次。结合开展“宪法宣传周”活动，组织省司法厅处级以上干部参加宪法法律知识线上测试，组织新任职、新晋升人员参加宪法宣誓活动，组织人员观看全国首例英烈保护民事公益诉讼案庭审录播。省美术馆、省图书馆在宪法宣传周期间，分别邀请法律专家围绕著作权法、宪法开展“以案说法”专题讲座。开展长三角暨东西部对口交流省份（安徽·吉林）文化市场综合行政执法业务交流培训班，沪苏浙皖和吉林省90余名执法骨干参加培训。

——充分发挥法治文化阵地作用。在创新开展法治宣传教育的同时，还注重发挥法治文化阵地的作用。通过戏曲孵化计划创作了泗州戏《小村官》《老子买单》、黄梅戏《卖藕》等一批法治题材剧目。在全省开展“送戏进万村”等活动时，举办法治文艺演出专场，涌现出《普法歌》《天上掉“馅饼”》《平安创建防诈骗》等优秀法治节目。委托安徽大学法学院开展“加强安徽传统法律文化传承发展”课题研究，推动优秀传统法律文化助力安徽法治建设。2023年，安徽省图书馆获批安徽省法治宣传教育基地。

——不断创新普法方式。法治宣传教育更加形式多样。举办第八届全省学生“学宪法讲宪法”活动知识竞赛和演讲比赛，遴选8名选手参加第八届全国学生“学宪法讲宪法”总决赛，初中组演讲比赛获得全国亚军，并获最佳表达奖，省教育厅获优秀组织奖。全省692.9万名学生参与“宪法卫士”行动计划，参与率67%，高质量完成宪法知识测试答题。“宪法宣传周”期间，全省教育系统组织开展宪法学习宣传教育活动237场次，1万多所学校、600余万名学生参与国家宪法日“宪法晨读”活动。

——持续推动法治宣传教育融入实践。开展全省大学生暑期法治实践活动，组织大学生志愿者深入社区、农村、企业等开展法治宣传、法律咨询和法律服务。会同省法学会、省律师协会举办全省大学生未来律师辩论赛，会同省法学会、省法官协会、省检察官协会、省律师协会举办第五届安徽省大学生模拟法庭比赛，有效锻炼和提升了高校法学专业学生实践能力。开展全省中小学道德与法治学科教学微视频评选活动，首次将中等职业学校《思想道德与法治》课程法治教育教学内容纳入评选范围。

知识产权保护工作

2023年安徽省委、省政府高度重视知识产权保护工作，坚持以习近平新时代中国特色社会主义思想为指导，深入学习贯彻习近平总书记关于全面加强知识产权保护工作的重要指示精神，贯彻落实党中央、国务院决策部署，加强宏观统筹，定期专题研究部署工作，加大投入力度，全面落实知识产权保护属地责任，有力促进了知识产权事业高质量发展。全省知识产权保护法治化水平持续提升，全链条保护不断强化，各项工作机制运行顺畅，经费等资源保障有力，高规格召开知识产权保护大会，知识产权保护工作在前一年的良好基础上取得了新进展。

一、商标权保护工作

安徽省全力强化商标保护工作。加大执法力度，积极查处商标侵权案件，调解商标纠纷。开展商标行政保护专项行动，聚焦商标恶意注册、侵权假冒等问题，严格监管商标各环节及代理机构，规范执法办案。与此同时，建立健全重点商标保护机制，增强保护精准性。并通过与多部门协同、线上线下同步治理等方式，提高商标保护效能，为优化营商环境和实现高质量发展提供坚实保障。

——积极服务商标注册申请。安徽省始终注重提高商标创造质量工作，不断深化商标注册政策宣传和引导，2023年全省申请商标250805件，注册商标151789件。此外，安徽省还新增了地理标志商标9件、地理标志保护产品1件，总数分别达到225件、86件，地理标志专用标志使用企业和农户1951家。实现经济效益近700亿元。

——不断提升商标保护力度。为进一步提升专利商标行政保护质量，规范专利商标行政保护案卷制作，提高知识产权行政保护案件办理专业化水平，11月9日，2023年全省知识产权行政保护案卷集中评查活动在合肥举办。依据国家知识产权局《专利商标行政保护案卷评查办法》，在市局自评基础上，省局组织评查人员分组对各市推荐的48件专利商标行政处罚案卷进行了两轮评查，并交换了评查整改意见；对16件专利侵权纠纷行政裁决案卷逐一进行集中评查，提出了评查整改意见；推选出3件商标案卷、3件专利案卷参加全国专利商标行政保护案卷评查。通过此次案卷集中评查活动，评查人员加深了对专利商标相关法律法规的理解，统一了对行政处罚、行政裁决案件办理中法律适用问题的认识，并对一些普遍存在的问题研究提出了处理意见。

二、知识产权的保护工作

创新是引领发展的第一动力，保护知识产权就是保护创新。因此，建立健全知识产权保护制度对安徽经济社会高质量发展的支撑和保障作用日益凸显。准确把握新形势新要求，全面提升知识产权综合实力，大力激发社会创新创造活力，着力建设创新型知识产权强省，为建设经济强、格局新、环境优、活力足、百姓富的现代化美好安徽提供更加有力的支撑。

——知识产权强省建设强势推进。2023年是实施知识产权强省建设纲要和“十四五”规划承上启下的重要一年，安徽省紧紧围绕《安徽省知识产权强省建设纲要（2021—2035年）》《安徽省“十四五”知识产权发展规划》的目标任务，大力提高知识产权创造质量、运用效率、保护标准、管理能力和服务水平，激活知识产权增长新优势，构建知识产权保护新高地，打造公共服务赋能新平台，不断提升知识产权制度对安徽经济社会高质量发展的支撑和保障作用。一年来，全省知识产权系统认真落实党中央、国务院及省委、省政府关于强化知识产权保护的决策部署，知识产权各项工作取得了新进展、新成效，知识产权创新能力更加凸显、创新质量更加提升、创新主体更加突出、创新赋能更加强劲、创新活力更加充沛、创新成效更加出彩。

——加强知识产权保护效能。安徽省市场监管局印发了《2023年安徽省知识产权行政保护实施方案》（以下简称“实施方案”），明确了知识产权保护工作的总体要求和主要任务，重点加强专利、商标和地理标志的保护治理。完善知识产权保护体系，经安徽省政府同意，安徽省知识产权强省建设联席会议印发《深入实施〈关于强化知识产权保护的意见〉推进计划》，包括108条具体工作措施，旨在增强知识产权保护的法治保障和全链条保护。《实施方案》从四个方面部署了14项重点任务。一是强化知识产权保护综合保障。压实知识产权保护责任，落实知识产权保护标准，完善知识产权保护政策制度。二是“四个持续”强化专利、商标、地理标志保护治理。持续规范专利申请和商标注册，持续严格专利保护，持续强化商标品牌保护，持续加强地理标志保护监管。三是“四个突出”强化重点领域和关键环节行政保护。突出涉外知识产权保护，突出重大活动和重要节点保障，突出民生热点及重点领域保护，突出新型市场及关键环境保护。四是“三个推动”强化知识产权行政保护体系建设。推动知识产权保护载体建设，推动知识产权保护改革创新，推动试点示范和典型引领。

——知识产权建设取得新成就。《2023年安徽省知识产权发展与保护状况白皮书》发布，系统介绍了2023年安徽省推进创新型知识产权强省建设取得的新进展、新成就。白皮书显示，安徽省2023年持续推动高质量创造，增强创新发展新动能，全省授权发明专利30526件，同比增长16.6%。截至2023年底，全省共拥有高价值发明专利（如战略性新兴产业发明专利等）53593件，每万人口高价值发明专利拥有量8.75件，同比增长33.0%。全省有效注册商标量1323780件。2023年，全省版权登记作品34.01万件，同比增长28.2%，计算机软件著作权登记量再创新高，位列全国第九。新增地理标志保护产品1件、地理标志商标9件，总数分别达到86件、225件。新增植物新品种授权14件。知识产权领域改革试点纵深推进，为新时代安徽高质量发展提供了有力支撑。中国（安徽）自贸试验区合肥片区“知识产权质押融资模式”入选国务院第七批自由贸易试验区复制推广改革试点经验全国推广的创新案例。全省专利权、商标权质押融资金额334.09亿元，同比增长78.43%，位居全国第五位。各类服务机构共建设知识产权公共服务平台117个，注册用户18.85万个，年访问量452.89万次。省级层面“拟上市企业知识产权服务工作站”成立，安徽省知识产权保护中心建成并投入运行。

三、版权保护工作

——版权登记服务不断优化。安徽省版权局秉持创新理念，积极探索优化版权登记服务的有效路径，切实提升便民惠民服务水平。在登记模式上，采用线上线下协同的创新举措，线上依托“安徽版权在线”平台，打破时间与空间限制，实现作品登记的便捷化、高效化，申请人足不出户即可完成登记流程；线下则在各地开设服务窗口，为不熟悉线上操作或有特殊需求的人群提供面对面服务，确保服务覆盖全体民众。通过线上线下的紧密配合，极大地提高了登记效率，缩短了办理周期，受到广泛好评。

——版权登记数量稳步增长。2023年，安徽省在版权登记方面取得了显著的成绩。根据中国知识产权资讯网的报道，安徽省作品著作权登记数量达到了34.01万件，与2022年的26.54万件相比，同比增长了28.15%。这一增长标志着安徽省作品著作权登记数量已经连续四年保持增长。在登记类型方面，摄影作品以17.69万件的数量位居第一，占比达到52.01%；其次是美术作品，有12.36万件，占比36.32%；视听作品、文字作品和工程设计图、产品设计图作品也有一定的占比。

——版权流通日益便捷。在推动版权资源转化利用方面，安徽省大力推进版权交易中心建设。引入大数据、云计算、区块链等前沿技术搭建安徽版权在线数字服务平台，为版权交易提供安全、高效、透明的交易环境，吸引众多版权所有者与需求方入驻。通过该平台，实现版权资源与市场需求的精准对接，促进更多版权资源向现实生产力转化，带动版权产业集约集聚发展，为全省经济发展注入新动力。这一系列举措，不仅完善了版权服务体系，也为安徽省版权事业的长远发展奠定了坚实基础。

——版权保护成效显著。安徽省持续深化版权行政管理体制改革，在不断织密版权保护"管理网"的同时，在推动依法保护版权方面取得了显著成效。全省倡议各级版权部门、司法机关、执法机构等加强版权法治保障，健全完善版权协同保护机制，进一步加大版权保护力度、拓展版权保护范围、突出版权保护重点、增强版权保护实效，严厉打击各类侵权盗版违法行为，开展了多项专项行动，保护版权创作者、传播者、使用者等合法权益，有效震慑了侵权行为，维护了著作权人的合法权益，同时也打造了版权领域公平竞争的市场秩序，营造有利于创新创业的良好发展环境。

——版权保护宣传力度加大。在第23个世界知识产权日来临之际，安徽省版权保护协会呼吁社会各界携手共同做好加强版权保护的宣传工作。全省版权部门还通过新闻发布、培训宣讲、公益广告等多种方式，广泛宣传著作权法，增强公众的版权意识，提高社会对版权保护的认知和重视。倡议新闻媒体常态化开展著作权法律法规宣传，广泛普及版权知识，讲好版权保护故事，营造"尊重版权、崇尚创新"的良好舆论环境和社会氛围，争当版权保护“优等生”。倡议广大人民群众遵守版权法律法规，尊重智力劳动成果，自觉抵制侵权盗版行为，做到不购买、不下载、不使用、不传播侵权盗版作品，积极举报、投诉并配合有关部门查处侵权盗版违法活动。各版权企事业单位和个人要争做版权保护的模范践行者，学好用好版权制度，管好用好版权资产，维护好自身权益，以版权保护激发创新创作热情，将版权优势转化为高质量发展动能。

政协的法治推动工作

2023年，安徽省政协坚持以习近平新时代中国特色社会主义思想为指导，深入贯彻习近平总书记关于加强和改进人民政协工作的重要思想，认真落实习近平总书记关于安徽工作的重要讲话和重要指示精神，认真履行政治协商、民主监督、参政议政职能，凝聚共识，把准政协之位、提升政协之能、彰显政协之为，为全面推进中华民族伟大复兴伟业书写安徽精彩篇章做出积极贡献。

一、不断加强立法调研工作

安徽省政协系统围绕多项重要议题积极组织立法调研。涵盖营商环境优化、养老服务提升、生态保护加强及区域一体化发展，通过实地考察、问卷调查、座谈协商等方式，收集意见，形成报告与建议案，为安徽相关立法及区域协同发展提供有力支撑。

——围绕营商环境优化组织立法调研。围绕优化营商环境相关立法，省政协组织经济界委员、专家学者以及企业代表，深入合肥、芜湖、蚌埠等地的各类企业，开展实地调研。详细了解企业在市场准入、项目审批、融资信贷、知识产权保护等方面面临的实际问题，收集企业对于相关立法的意见和建议。在调研基础上，又召开了多场专题座谈会，邀请政府部门、行业协会以及法律专业人士共同参与讨论，形成了调研报告，为安徽省相关立法工作提供了详实的一手资料，提出了一些针对性的立法建议。

——围绕养老服务提升组织立法调研。在养老服务立法调研方面，省政协积极行动。通过问卷调查、线上访谈等方式，广泛收集全省各地老年人及其家属对养老服务的需求和期望。通过实地走访各类养老机构、社区养老服务中心以及居家养老试点区域，了解养老服务设施建设、服务内容供给、专业人才队伍建设等实际情况。针对调研中发现的养老服务设施布局不均衡、服务质量参差不齐、专业护理人员短缺等问题，省政协组织政协委员与民政、财政、人社等部门进行协商交流，提出了一系列完善养老服务立法的具体措施，如加强养老服务设施规划与建设保障、建立健全养老服务质量监管体系、加大对养老服务专业人才培养的支持力度等。

——围绕加强生态环境保护组织立法调研。为推动安徽省生态环境保护立法工作，省政协聚焦重点生态功能区保护、环境污染防治等关键问题，开展了深入调研。组织政协委员、环保专家以及相关社会组织代表，对新安江流域、巢湖流域等重点区域进行实地考察，详细了解生态保护现状、存在的问题以及面临的挑战。同时，邀请生态环境、自然资源、水利等部门负责同志介绍相关工作进展和立法需求。在此基础上，省政协通过召开协商会、研讨会等形式，广泛征求各方意见，形成了关于加强生态环境保护立法的建议案，就完善生态补偿机制、强化环境污染源头治理、加大生态环境执法力度等方面提出了具有前瞻性和可操作性的建议，为安徽省生态环境保护立法提供参考。

——围绕区域一体化发展组织立法调研。为加强区域协同发展，提升区域整体法治水平，省政协积极开展跨区域协同立法调研。与周边省份政协建立合作机制，共同围绕长三角一体化发展、淮河生态经济带建设等重大区域发展战略，就相关领域的立法需求和协同立法事项进行深入探讨和调研。例如，在推进长三角地区交通运输一体化立法调研中，省政协与上海、江苏、浙江政协联合组成调研组，对长三角地区交通基础设施互联互通、运输服务一体化、区域执法协同等方面进行了实地考察和交流研讨。通过跨区域协同调研，有效整合各方资源，形成了具有区域共性和可操作性的立法建议，为推动长三角地区交通运输一体化发展提供了法治保障。

二、积极参与法治监督工作

安徽省政协系统围绕科技创新、基层社会治理、公共法律服务体系建设、民生服务等方面，聚焦问题，开展调研并提出建议，积极进行法治监督，提升了这些领域的法治建设工作成效。

——科技创新法治保障监督。聚焦科技创新领域法治建设，开展“加强科技创新法治保障，推动科技成果转化”专项监督。调研组深入科研院所、高新技术企业，详细了解科技创新过程中的法律需求和面临的法律障碍。针对科技成果转化法律法规不完善、科技成果权属界定不清晰、科技金融法律支持不足等问题，建议加快制定科技成果转化促进条例，明确科技成果权属分配规则，完善科技金融法律制度，为科技创新和产业创新融合发展营造良好法治环境。

——基层社会治理法治监督。以“加强基层社会治理法治建设，提升社会治理效能”为主题，开展法治监督调研。深入基层社区、乡镇司法所，了解基层社会治理中的法治实践和存在的困难。针对基层法治力量薄弱、矛盾纠纷化解机制不完善、群众法治意识有待提高等问题，提出加强基层法治队伍建设、完善多元纠纷化解机制、深入开展法治宣传教育等建议，推动基层社会治理法治化水平不断提升。

——公共法律服务体系建设监督。关注公共法律服务体系建设情况，组织委员对“完善公共法律服务体系，提高法律服务供给水平”进行监督。通过实地考察公共法律服务中心、法律援助机构、律师事务所等，了解公共法律服务资源配置、服务质量和群众满意度等情况。针对公共法律服务资源分布不均衡、服务内容和方式不够丰富、信息化建设水平有待提高等问题，建议优化公共法律服务资源布局，创新服务方式，加强信息化建设，为群众提供更加便捷、高效、优质的公共法律服务。

——公共医疗等民生服务监督。立足小切口、大民生，就公共医疗服务、医养结合新模式、长三角地区居民服务“一卡通”、职工生活品质等开展协商调研，就省科技馆建设、让皖北群众喝上引调水等开展专项监督，推动相关工作取得积极进展。持续组织“健康基层行”。开展暖民心行动民主监督和民生工程视察监督，105名委员担任省民生工程监督员、省高院特约监督员，对接省委“民声呼应”工作体系，征集委员微建议，编报《政协信息专报》《社情民意》，强化提案惠民生实效，协力办好群众可感可及的实事。

三、不断完善法治监督机制

安徽省政协系统采取多项举措，运用信息化手段，创新监督形式，不断完善政协系统的法治监督机制，有效发挥协商式监督优势，推动安徽省法治建设稳步前进。

——强化联动监督机制形成监督合力。加强与省人大常委会、省政府相关部门的沟通协作，建立法治监督联动机制。在开展“优化法治化营商环境”专题监督时，与省人大财经委联合开展调研，与省司法厅、省市场监管局等部门召开座谈会，共享监督信息，形成监督合力。同时，组织省市县三级政协联动，上下协同开展监督活动，扩大监督覆盖面，提升监督影响力。

——运用信息化手段提升监督效能。充分利用政协信息化平台，开展线上法治监督。通过政协委员履职App、微信公众号等渠道，广泛收集群众对法治建设的意见建议，拓宽监督信息来源。建立法治监督数据库，对监督过程中收集到的数据进行整理分析，为精准监督提供数据支撑。运用视频会议系统，远程听取基层群众和相关部门的意见，提高监督工作效率。

——不断创新民主监督形式。安徽省政协系统紧扣时代脉搏，不断创新民主监督形式，成效斐然。充分发挥协商式监督的独特优势，以实际行动助力地方法治建设和经济社会发展。聚焦生态领域，组织开展“绿色生态屏障建设、林长制改革情况”民主监督活动，通过深入调研、多方协商，为生态建设把脉问诊。同时，积极推进“突出生态环境问题整改情况”委员小组微监督，委员们以小组为单位，精准聚焦突出生态环境问题，深入一线、细致排查，以“小切口”推动“大整改”。这些创新监督形式，不仅拓宽了监督渠道，更增强了监督实效，有力助推安徽生态环境领域法治建设，为全省经济社会高质量发展注入政协力量。

四、不断提升法治监督能力

安徽省政协系统非常注重提升自身的法治监督能力，通过强化习近平法治思想学习，加强法治监督队伍建设，优化委员结构，为法治监督工作提供坚实支撑。

——强化习近平法治思想学习。安徽省政协系统将强化法治素养视为重中之重，积极推动习近平法治思想的深入学习，并以此提升法治监督能力。在这一年里，省政协把习近平法治思想列为政协委员和机关干部学习培训的核心内容，精心策划并组织了一系列学习活动。举办多场专题讲座，邀请法学领域专家学者深入解读习近平法治思想，剖析其中蕴含的法治理念与实践要求；开展多期培训班，通过系统教学，让委员和干部深刻领会其核心要义与精神实质；组织研讨交流活动，鼓励大家结合实际工作，分享运用法治思维和法治方式开展监督工作的经验与思考。在围绕省委常委会现场办公会重点事项推进落实情况的专项监督中，委员们凭借所学，以法治视角精准分析问题，提出切实可行的监督建议，有力推动了工作的开展，切实提升了政协系统运用法治思维和法治方式开展监督工作的整体能力 。

——不断加强法治监督队伍建设。安徽省政协系统高度重视法治监督队伍建设，积极采取了一系列举措：在委员结构优化方面，注重选拔具有法律专业背景和法治工作经验的委员充实到法治监督队伍。通过严格筛选与综合考量，吸纳了一批在法律领域有专长、有实践的委员，有效提升了队伍的专业素养，为法治监督工作提供了更坚实的人才支撑，使得监督视角更加专业、全面；在强化专业支持方面，建立了法治监督专家库。广泛邀请法学专家、律师、法官等专业人士参与法治监督工作。这些专业力量凭借深厚的法学理论知识与丰富的实务经验，为各类监督活动提供精准的专业指导，有力增强了监督工作的科学性与权威性，提升了监督工作的质量与效果；在加强法治监督队伍的业务培训方面，精心组织多场针对性强的培训活动，内容涵盖最新法律法规解读、监督技巧提升、实务案例分析等。通过系统培训，监督人员的业务水平得以显著提高，综合素质得到全面增强，能够更好地适应复杂多变的法治监督工作需求，为推动法治安徽建设贡献更大力量。

五、助力社会矛盾纠纷化解

安徽省政协系统坚持以人民为中心，积极鼓励政协委员凭借专业特长参与矛盾纠纷调解，建立工作室，并成功调解大量案件，同时推动构建多元纠纷化解机制，促进社会和谐稳定。

——鼓励政协委员积极参与社会矛盾纠纷调解。鼓励政协委员发挥自身影响力和专业特长，参与社会矛盾纠纷调解工作。建立了政协委员调解工作室，邀请法律界、社会学界等领域委员入驻，为群众提供免费调解服务。在劳动争议、邻里纠纷、婚姻家庭纠纷等常见矛盾化解中，委员们凭借丰富的经验和专业知识，成功调解了大量案件。据不完全统计，2023年全省政协委员调解工作室共受理各类矛盾纠纷5000余件，调解成功率达到85%以上，有效维护了社会和谐稳定。

——推动多元纠纷化解机制不断完善。通过协商议政、提案等形式，安徽省政协系统积极推动完善人民调解、行政调解、司法调解联动工作体系。政协委员们提出加强调解组织建设、提高调解员专业素质、建立调解工作激励机制等建议，促进了多元纠纷化解机制的不断完善。如针对加强调解组织建设，委员们建议优化组织布局，在社区、行业协会等基层与重点领域增设调解机构，以扩大调解组织覆盖面。在提高调解员专业素质上，提议定期组织专业培训，邀请法律专家、资深调解员授课，提升业务能力。在建立调解工作激励机制上，委员们提出设立专项奖励基金，对调解工作表现突出的个人与组织予以表彰和奖励。这些建议经政协推动，有效促进了安徽省多元纠纷化解机制不断完善，为维护社会和谐稳定发挥了重要作用。

六、积极推进法治宣传教育

全省政协系统积极推进法治宣传教育，多渠道开展活动，举办超百场“民法典进基层”讲座，制作法治短视频广泛传播，提升群众法治意识。同时，推动法治文化宣传设施建设，建成一批法治文化园、广场等，让法治观念融入群众生活。

——多渠道开展法治宣传教育活动。全省政协系统利用多种渠道广泛开展法治宣传教育活动。通过举办专题讲座、法律咨询服务、线上普法课堂等形式，向广大群众普及宪法、民法典等法律法规知识。省政协联合司法部门在全省范围内举办了100余场“民法典进基层”专题讲座，覆盖城乡社区、学校、企业等，直接受益群众达数万人。同时，借助新媒体平台，制作发布了一系列通俗易懂的法治宣传短视频，在微信公众号、抖音等平台广泛传播，累计播放量超过1000万次，有效提升了群众的法治意识。

——推动法治文化宣传设施建设。安徽省政协系统积极响应法治建设号召，致力于推动法治文化建设，助力营造全社会尊法学法守法用法的浓厚氛围。政协委员们从实际出发，提出了加强法治文化阵地建设的关键建议，各地政协迅速行动，积极作为，推动了一批法治文化公园、广场、长廊等的建设与升级。比如，芜湖市谋划建设芜湖长江法治文化长廊，制定方案并稳步推进，2023年12月4日，繁昌荻港长江大保护法治文化园揭牌，将弘扬传承长江文化与弘扬法治文化有机融合。六安市金寨县花石乡大湾村修建了法治文化广场，不定期开展民法典、宪法、反电信诈骗、双提升等法律学习活动。这些法治文化阵地的建设，将法治元素融入群众日常休闲生活场景，有效促进了法治观念的传播与深入人心 。

七、努力促进法治人才培养

安徽省政协在力所能及的范围内，努力推动安徽省的法治人才培养工作，鼓励委员们通过提案、协商等方式，为法治人才培养建言献策。搭建交流平台，为省内外法治人才交流提供方便。

——为法治人才培养建言献策。政协委员通过提案、协商议政等方式，关注安徽的法治人才培养问题，为安徽的法治人才队伍建设建言献策。如委员们提出了加强法学教育与实践结合、加大对基层法治人才培养支持力度、完善法治人才引进与激励机制等建议。相关建议推动了省内高校法学专业课程设置优化，加强了与法律实务部门的合作，促进了一系列面向基层法治工作者的培训活动的开展，助力安徽省法治人才队伍的建设。

——为法治人才交流搭建平台。积极搭建法治人才交流合作平台，推动省内法治人才与国内先进地区开展交流学习。组织政协委员中的法律专家、学者与其他地区同行开展学术研讨会、经验交流会等活动，促进了法治理念、实践经验的交流与共享。例如，省政协组织的长三角地区法治人才交流活动，为省内法治人才学习借鉴长三角先进地区法治建设经验提供了契机，提升了安徽省法治人才队伍整体素质和业务水平。

法学研究和教育工作

2023年安徽省法学会坚持以习近平新时代中国特色社会主义思想为指导，全面学习宣传贯彻党的二十大精神，深入贯彻落实习近平总书记对安徽作出的系列重要讲话指示批示精神，按照中央政法工作会议、中国法学会常务理事扩大会议及省委政法工作会议部署要求，深入学习研究阐释习近平法治思想，坚持改革创新，坚持发扬斗争精神，不断增强法学会的政治性、先进性和群众性，团结带领全省广大法学法律工作者，为推进法治安徽建设走在全国前列作出新的贡献。

一、加强思想政治建设

安徽省法学会始终将坚持党的领导贯穿工作全过程，积极主动作为。在强化思想政治建设上，夯实法学法律界团结奋斗的思想根基。在意识形态风险防范中，发挥党的主导作用。积极开展习近平法治思想学习研讨活动，助力法治安徽建设沿着正确轨道前进。

——强化思想政治建设的纲领基础。安徽省法学会始终坚持把政治建设作为首要任务，突出政治统领，强化理论武装，持之以恒、常抓不懈，团结引领广大法学法律工作者深刻领悟“两个确立”的决定性意义，增强“四个意识”、坚定“四个自信”、做到“两个维护”，夯实全省法学法律界共同团结奋斗的思想政治基础。省委办公厅印发《关于进一步加强全省法学会建设的若干措施》，对做好安徽省新时代法学会工作作出全面部署。省委政法委认真履行管理职能，加强对法学会工作的统筹谋划和督促指导，广大法学法律工作者走中国特色社会主义法治道路的意志更加坚定、行动更加自觉。

——强化党在意识形态风险防范中的主导作用。为加强党的领导，经省委批准，安徽省法学会设立中共安徽省法学会党组。按照《安徽省法学会党组议事规则》规定，安徽省法学会党组定期召开会议，贯彻落实中央和省委决策部署，充分发挥把方向、管大局、保落实的领导作用。全面落实意识形态工作责任制，严格执行《关于进一步规范论坛、讲座、年会、报告会、研讨会等活动审批流程的通知》等文件，规范全省各级法学会及研究会各类论坛、年会、报告会、研讨会、讲座、培训、对外交流等活动举办，严防法学领域意识形态风险隐患。积极推动研究会党组织建设，选优配强各研究会秘书处负责人，推动研究会规范有序运作，激发研究会活力。

——积极开展习近平法治思想学习研讨会。2023年合肥市法学会举办了以“深入学习贯彻习近平法治思想，携手共创更高水平法治合肥”为主题的第八届合肥法治论坛，与会作者围绕环境保护、防范电信诈骗、知识产权保护、乡村振兴等领域交流研讨，为法治合肥建设献计献策。积极组织参与全省“习近平法治思想理论研究”成果征集，共有6篇成果获奖，合肥市法学会荣获“优秀组织奖”。在《合肥政法》期刊设置“习近平法治思想学习研究”专栏，刊登法学法律专家研究成果。

二、积极服务法治实践

安徽省法学会积极作为，为法治安徽及相关领域发展贡献力量。承办第十九届长三角法学论坛，与沪苏浙法学会协同，助力长三角一体化法治建设。组织法学法律专家参与立法、司法实践及相关课题研究，提升立法科学性与司法效能。推行首席法律咨询专家制度，为政府决策、社会治理等提供专业意见。服务民营经济，开展“法治体检”等活动。挖掘传统法治资源，开展多样普法宣传，增强群众法律意识，推动安徽的法治建设行稳致远。

——助力长三角一体化法治建设。安徽省法学会积极作为，深度服务长三角一体化法治建设。成功承办第十九届长三角法学论坛，论坛紧扣长三角一体化发展主题，沪苏浙皖专家学者围绕立法协同、数字经济法治保障等展开研讨，为区域发展献计献策。安徽省法学会还与沪苏浙法学会签署协同机制意见，搭建起区域法治研究开放共享新平台。此外，组织法学法律专家参与长三角相关立法调研等工作，围绕区域发展热点开展课题研究，取得一系列成果，为长三角一体化高质量发展提供坚实法治保障。

——组织法学人才参与立法实践建设。安徽省法学会充分发挥“智囊团”“思想库”“人才库”作用，积极组织法学法律专家投身法治建设实践。在立法工作中，深度参与《中华人民共和国民法典》等国家法律以及《安徽省多元化解纠纷促进条例》等地方性法规的立法调研、咨询与评估工作，精准提供专业意见，助力法律条文更贴合实际需求。同时，专家们直接参与地方性法规条例的立法起草及论证，从专业视角把控立法方向，优化法规内容，有效提升了立法的科学性与民主性，为促进地方良法善治贡献了重要力量。

——组织法学人才参与司法实践建设。安徽省法学会紧密围绕社会热点与法治建设需求，积极组织法学人才投身司法实践课题研究工作。针对司法权力运行机制改革，深入剖析现存问题，探索优化路径，为提升司法效能提供理论支撑。在执法公信力方面，开展多维度调研，提出提升执法公信力的有效举措。同时，高度关注民生领域，就环境保护、食品药品安全监管开展专项研究，助力守护生态环境与群众饮食用药安全，为推动法治安徽建设发挥了重要作用。

——助力政府提升决策的法治化水平。安徽省法学会为提升服务党委、政府科学决策的质效，积极作为，全面推行首席法律咨询专家制度。精心组建首席法律咨询专家库，涵盖民商法、刑法、行政法等多领域专家。省级首席法律咨询专家库选聘29名专家，指导全省16个市、91个县（市、区）组建专家库，共遴选1696名专家成员。围绕党委、政府重大公共决策、重大法律风险防控、重大矛盾纠纷调处、重大信访积案化解、重大立法项目咨询等关键事务，专家们精准把脉会诊，全年为346件案件提供专业法律咨询意见，专家出具的法律意见书为众多项目合法合规推进提供有力支撑。同时，推动各级法学会建立基层法律服务诊所、法律服务站，广泛组织会员投身法治实践，切实为群众和基层单位解决大量实际法律问题，助力营造良好法治环境，为政府决策法治化进程贡献坚实力量。

——助力民营经济合法有序健康发展。安徽省法学会及各地法学会积极作为，为民营经济发展提供坚实法律服务。亳州市法学会围绕药企发展，成立亳州市药业法律研究与服务站（中心），精准对接药企法律需求，为其健康发展筑牢法治保障。在宿州，法学会邀请首席法律咨询专家、纳税服务专业人员，针对白酒企业生产经营实际，就常见法律问题开展座谈交流，现场“把脉问诊”，提出切实可行的防范与解决建议。合肥市法学会深入开展“服务实体经济律企携手同行”专项活动，组建法律服务团队走进园区、企业，全面摸排企业法律需求，开展法律知识讲座等活动。助力企业依法经营管理此外，各地法学会还通过组织“法治体检”等形式，深入民营企业，梳理法律风险点，完善法人治理结构和规章管理制度，为民营经济发展营造良好法治环境，助力民营企业行稳致远。

——助力提升社会治理效能。安徽省法学会及各地法学会深入贯彻落实习近平法治思想，坚持和发展新时代“枫桥经验”，将矛盾纠纷化解工作置于突出位置。各级法学会主要负责同志亲自带队，打破地区、部门与层级壁垒，整合多学科、多领域法学专家及实务工作者，组建专业首席法律咨询专家团队。团队成员积极投身法律咨询服务一线，针对各类复杂矛盾纠纷“把脉问诊”，全年累计为346件案件提供专业法律咨询意见。通过精准的法律指导与专业调解，有效促进矛盾纠纷化解，切实提升社会法治治理效能，为法治安徽建设筑牢坚实根基。

——组织法学人才投身法学理论研究。2023年2月，中共中央办公厅、国务院办公厅印发《关于加强新时代法学教育和法学理论研究的意见》，安徽省法学会注重发挥各研究会法学研究主力军和主阵地作用，围绕经济社会发展大局和法治建设需要，适时成立法治安徽建设、乡村振兴法治保障、党内法规、知识产权法学等研究会，以学术年会和专题研讨会为平台，深入开展基础理论和应用对策研究，取得一大批高质量研究成果。还顺应时代发展，聚焦网络信息运用和保护、新型城镇化建设等前沿及重点问题，深入研讨，累计取得研究成果150余项。多项成果凭借扎实的理论分析与切实可行的建议，得到省领导批示或直接被决策部门采纳。建立完善选题征集、课题管理、成果评审、成果转化等制度，法学会智库功能得到有效发挥。

——助推传统法治资源的现代转化与传播。2023年，安徽省各级法学会积极作为，全力发挥智库作用，积极组织法学人才对传统法治资源进行现代转化与传播，助力安徽法治建设。如安庆市法学会依托安庆市社会治理研究院以及六尺巷和解文化研究中心，深入挖掘传统文化“六尺巷”所蕴含的“谦和礼让、知进退、和为贵”精神内涵。通过一系列严谨且深入的研究，形成了如《六尺巷和谐文化与现代法治的融合》《践行新时代“枫桥经验”探索源头治理新路径—以安徽省桐城市新时代“六尺巷工作法”为视角》等多项研究成果，并成功在中央媒体“理论版”刊发，引发广泛关注。同时，《坚持法治引领推动从“六尺巷”走出新时代基层善治路径》一文入选安徽省“内部资料性出版物主题宣传好文章”，还被收录至中国法制出版社的《中国国家治理的基层基础建设研究丛书》，有力推动了传统法治资源的现代转化与传播。

——积极开展普法宣传活动。安徽省法学会及各地方法学会积极作为，深入开展普法宣传活动。亳州市法学会秉持服务法治实践理念，开展“惠企暖企，普法先行”活动，在古井镇为40余家白酒企业开展“法治体检”。同时，联合举办“公证杯”法治作品征集活动，收到作品200余份，传承传统法律文化，扩大宣传覆盖面。安庆市怀宁县法学会组织普法志愿者深入企业、乡镇、学校、社区等，多措并举开展法治文化普法宣传，推进法治文化建设。蚌埠市法学会先后在各县区、市直政法单位共组建14支173人的“微宣讲”团队，进行普法宣传，大大增强了群众法律意识，市法学会被省法学会推荐为全国法学会系统先进集体。此外，安徽省法学会还组织开展“百名法学家百场报告会”“青年普法志愿者法治文化基层行”等大型活动，举办各类报告会6万余场，受众达1300万人次，极大地提升了全省法治氛围，为法治安徽建设贡献力量。

三、坚持加强自身建设

2023年安徽省法学会积极推进各项工作，着力加强自身建设。在法学会规范化建设上，实现104个县（市、区）法学会全覆盖，通过量化考评等举措巩固市级法学会建设，改善县级法学会办公条件。在研究会建设方面，选优配强负责人，各研究会学术研讨与服务社会成果丰硕。同时，通过多种活动提升法学会干部法治素养，并壮大了会员队伍，为法治安徽建设提供了坚实保障与强大动力。

——加快推进法学会规范化建设。安徽省法学会积极作为，持续推进中办《关于进一步加强法学会建设的意见》和安徽省若干措施的贯彻落实。各级法学会组织建设突飞猛进，到2023年已经实现104个县（市、区）法学会全覆盖。同时通过多种举措，不断推进市级法学会规范化建设，开展量化考评，从法学研究、法治实践、组织建设等多维度进行打分，促使各市法学会明确工作重点，提升工作成效。推动任期届满市、县（市、区）法学会及时换届，如合肥市庐阳区法学会完成了换届，优化了领导班子结构，给法学会未来的发展注入新活力。在县级法学会规范化建设方面，省法学会积极协调，保障办公场所和人员力量。截至年底，全省多个县级法学会办公条件得到改善，部分地区还新增专职工作人员。通过这些努力，进一步夯实基层基础，为全省法学会系统更好地服务法治安徽建设、推动法学研究和法治实践深度融合提供了坚实保障。

——加强各级研究会建设。安徽省法学会认真履行职责，全力支持保障各研究会开展工作。在推动研究会发展中，选优配强研究会秘书处负责人，通过严格选拔流程，将一批业务精湛、责任心强的专业人才调整充实到关键岗位，为研究会规范运作筑牢人力根基。一年来，各研究会在多方面取得丰硕成果。在学术研讨方面，举办的“数字经济与法治保障”研讨会，吸引了全省100余名法学专家、学者及实务工作者参会，围绕数字经济立法、数据安全保护等热点问题展开深入探讨，形成15篇高质量研究报告，为安徽省数字经济领域的法治建设提供了重要参考。在服务社会领域，劳动法研究会组织资深律师团队深入50家中小企业，开展“企业劳动用工合规体检”公益活动，累计审查劳动合同2000余份，提出法律风险防范建议300余条，有效帮助企业规避劳动纠纷，促进劳动关系和谐稳定。同时，各研究会还积极开展法治宣传，深入社区、企业普及法律知识，切实发挥了研究会作为法学研究与法治实践主阵地的关键作用，为安徽省法治建设贡献力量。

——重视法学会干部的法治素养提升。安徽省法学会及各市法学会高度重视干部法治素养提升，并为之开展系列工作。在省级层面，积极组织学习习近平法治思想，通过举办专题研讨、座谈会等50余场活动，推动各级法学会深入理解习近平法治思想内涵，参与人数达14.1万人次。同时，省法学会持续推进首席法律咨询专家制度，为干部提供实践指导平台，全省104个县级法学会均开展相关工作，建立121个专家库，为干部在实际工作中运用法治思维和法治方式开展工作提供助力。各市法学会也积极主动作为。铜陵市将市、县（区）法学会工作人员纳入全市政法系统领导干部综合素能提升培训，实现培训全覆盖。涡阳县举办习近平法治思想暨法治建设培训班，为200名科级领导干部和法治工作业务骨干授课。此外，多地法学会通过开展法学研究课题申报、参加法治论坛征文等活动，鼓励干部深入钻研法律知识，提升专业水平。如铜陵市征集“护航高质量发展案事例和调研文章”32篇，涡阳县申报省、市法学会法学研究课题6篇，有效提升了法学会干部法治素养。

——持续壮大法学会会员队伍。安徽省各市级法学会严格遵循“坚持标准、积极发展、合理布局、改善结构”的准则，全力推进会员发展工作。各市法学会积极作为，主动深入高等院校、法律服务机构以及执法与司法部门，广泛挖掘并吸纳优秀法律人才。例如，铜陵市法学会在换届工作圆满完成后，进一步规范了组织建设，高度重视人才吸纳，为会员发展工作夯实基础。在全省各地的共同努力下，截至2023年底，成绩斐然。全省中国法学会个人会员数量已达15304人，团体会员达316个。不断壮大的会员队伍，涵盖了法学教育、法律实务等多个领域的专业人才，为法治安徽建设注入了源源不断的活力与智慧，有力推动了安徽省法治建设各项工作迈向新台阶。